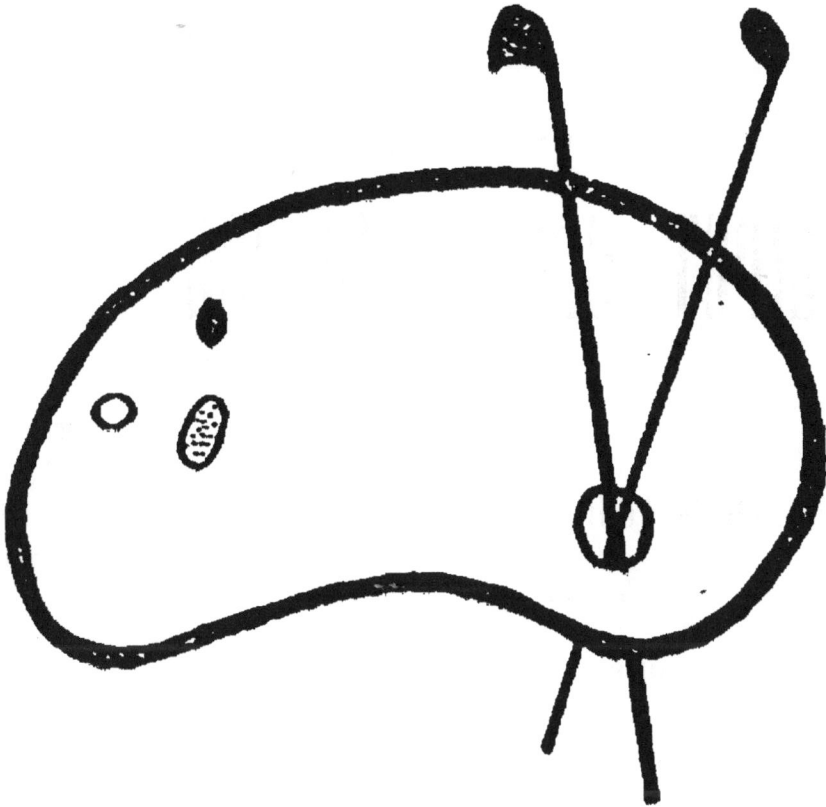

DEBUT D'UNE SERIE DE DOCUMENTS
EN COULEUR

UNIVERSITÉ DE FRANCE — FACULTÉ DE DROIT DE TOULOUSE

ÉTUDE

SUR LE

PRÉCIPUT CONVENTIONNEL

THÈSE POUR LE DOCTORAT

PAR

Jules BARTHE

AVOCAT

LAURÉAT DE LA FACULTÉ DE DROIT

TOULOUSE

IMPRIMERIE SAINT-CYPRIEN

27, ALLÉES DE GARONNE, 27

—

1896

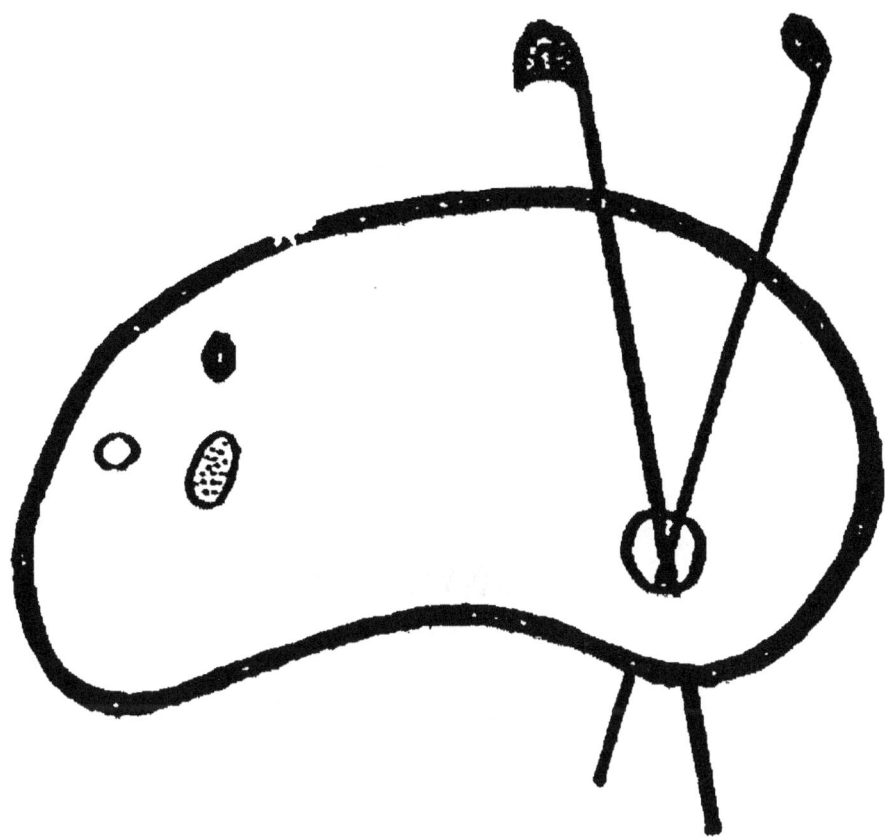

FIN D'UNE SERIE DE DOCUMENTS
EN COULEUR

ÉTUDE

SUR LE

PRÉCIPUT CONVENTIONNEL

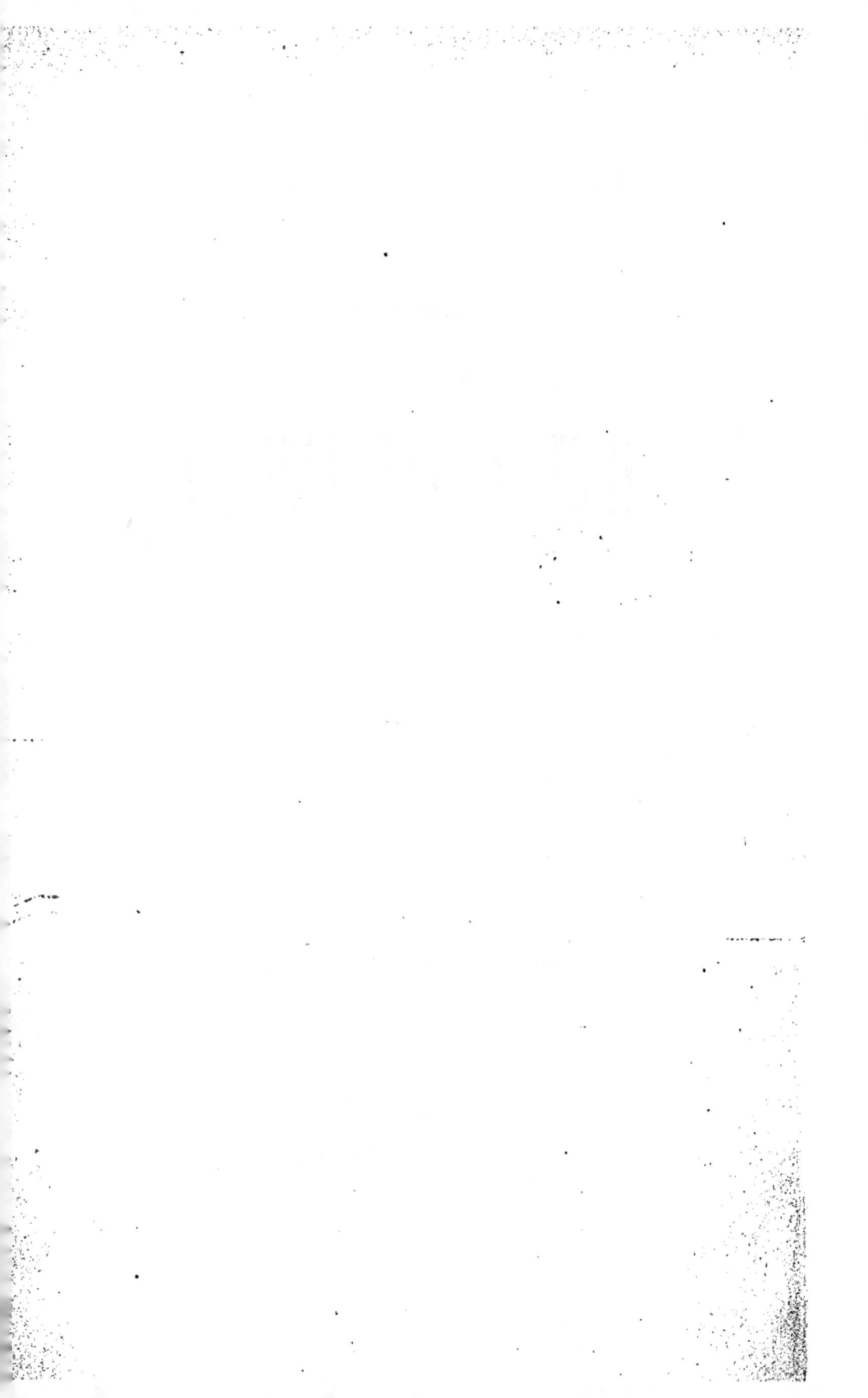

UNIVERSITÉ DE FRANCE — FACULTÉ DE DROIT DE TOULOUSE

ÉTUDE

SUR LE

PRÉCIPUT CONVENTIONNEL

THÈSE POUR LE DOCTORAT

PAR

Jules BARTHE

AVOCAT

LAURÉAT DE LA FACULTÉ DE DROIT

TOULOUSE

IMPRIMERIE SAINT-CYPRIEN

27, ALLÉES DE GARONNE, 27

1896

FACULTÉ DE DROIT DE TOULOUSE

MM. PAGET, ✻, Doyen, professeur de Droit romain.

BONFILS, ✻, Doyen honoraire, professeur de Droit commercial.

DELOUME, professeur de Droit romain.

CAMPISTRON, professeur de Code civil.

WALLON, professeur de Code civil.

BRESSOLLES, professeur de Procédure civile.

VIDAL, professeur de Droit criminel.

HAURIOU, professeur de Droit administratif.

BRISSAUD, professeur d'Histoire générale du Droit.

ROUARD DE CARD, professeur de Code civil.

MÉRIGNHAC, professeur de Droit international public et privé.

TIMBAL, professeur de Droit constitutionnel.

DESPIAU, professeur de Législation française des finances et de Législation et Economie industrielles.

FRAISSAINGEA, agrégé, chargé des Cours de Droit maritime et de Droit civil comparé.

HOUQUES-FOURCADE, agrégé, chargé du Cours d'Economie politique.

MOUSSU, secrétaire.

HUC, ✻, Conseiller à la Cour d'appel de Paris, professeur honoraire.

POUBELLE, O. ✻, professeur honoraire, préfet de la Seine.

PRÉSIDENT DE LA THÈSE : M. CAMPISTRON.

SUFFRAGANTS { MM. DELOUME.
BRESSOLLES.

La Faculté n'entend approuver ni désapprouver les opinions particulières du candidat.

Toulouse. — Imp. St-Cyprien, allées de Garonne, 27.
Spécialité de Thèses de Doctorat.

A MON PÈRE ✧ A MA MÈRE

———

A tous ceux que j'aime

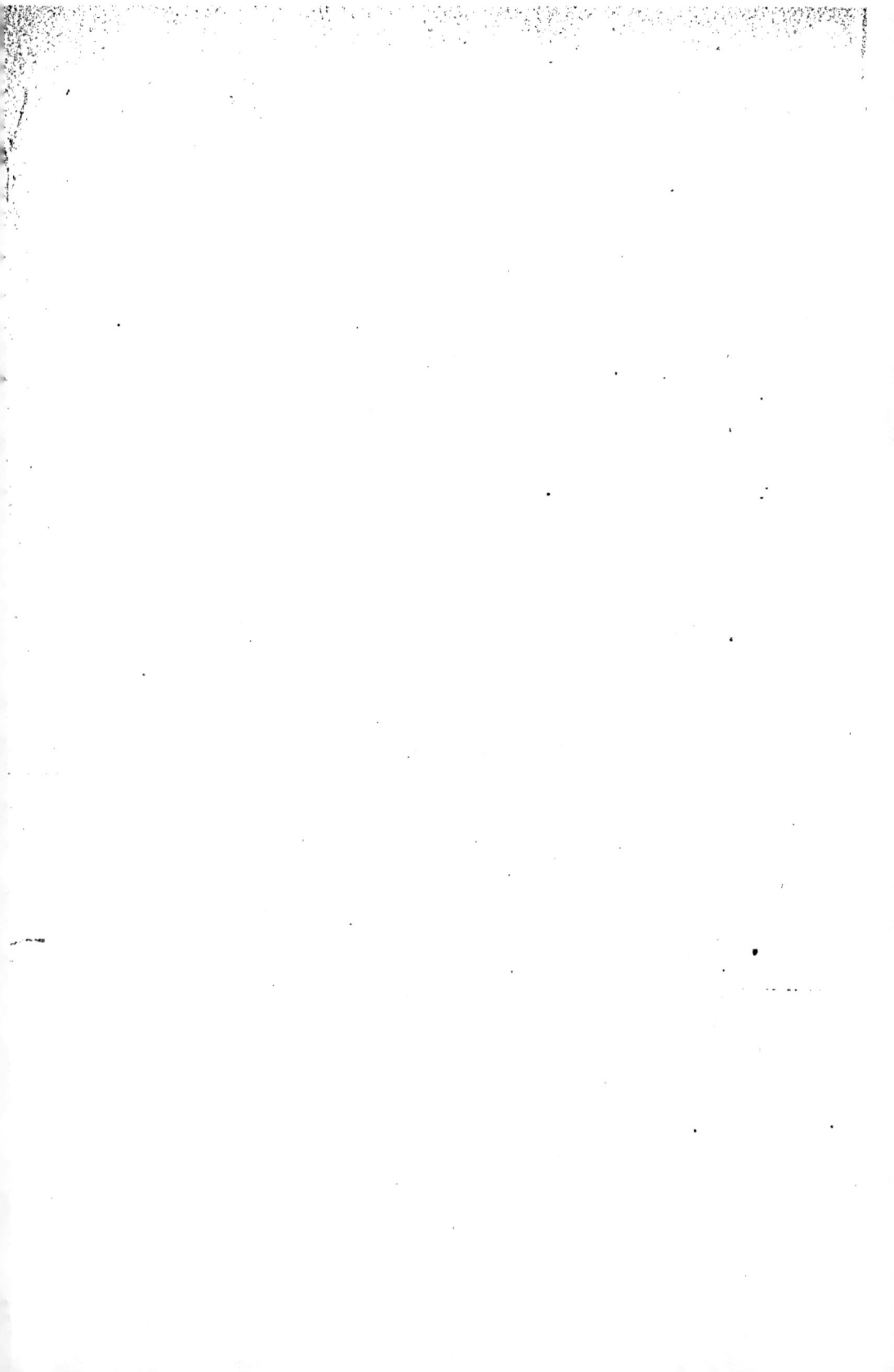

BIBLIOGRAPHIE

ARNTZ : *Cours de droit civil français.*

AUBRY et RAU : *Cours de droit civil français d'après la méthode de Zachariæ.*

BATTUR : *Traité de la communauté de biens entre époux.*

BAUDRY-LACANTINERIE : *Précis de droit civil.*

BEAUMANOIR : *Des Coutumes de Beauvoisis.*

BEAUNE : *Droit coutumier français. — De la condition des biens.*

BELLOT DES MINIÈRES : *Du Contrat de mariage.*

BOUCHER D'ARGIS : *Des gains nuptiaux et de survie.*

BRISSONIUS : *De veteri ritu nuptiarum et jure connubiorum.*

BRODEAU : *Arrêts.*

VIII

BUCHE : *Essai sur l'ancienne coutume de Paris.*
(Nouvelle Revue historique de l'année 1884.)

CARPENTIER : *Du Divorce et jurisprudence du divorce.*

CHAMPONNIÈRE et RIGAUD : *Traité des droits d'Enregistrement.*

COLMET DE SANTERRE : *Suite du cours de Demante.*
— *Droit civil.*

COULON : *Du divorce et de la séparation de corps,*
III et IV.

CROISILLE : *Influence des clauses de la communauté conventionnelle sur les droits des créanciers, et le règlement du passif entre les époux.*

DARESTE et LABOULAYE : *Le grand Coutumier de France.*

DELSOL : *Explication du Code civil.*

DALLOZ : *Recueil de jurisprudence, de législation et de doctrine.*

DALLOZ : *Répertoire et supplément au répertoire.*
(Vº Contrat de mariage et Enregistrement.)

DRAMART : *Bibliographie du droit civil.*

DUBUS : *Du Préciput et des clauses modificatives de la communauté.*

DURANTON : *Cours de droit français.*

FAVARD : *Répertoire.*

FENET : *Recueil complet des travaux préparatoires du Code civil.*

FURGOLE : *Ordonnance de 1731. — Observations sur cette ordonnance.*

FUZIER-HERMANN : *Répertoire du droit français.*

GARNIER : *Répertoire de l'Enregistrement des domaines et des hypothèques.* Edition de 1892.

GAUTIER : *Précis de l'histoire du droit français.*

GIDE : *Etude sur la condition privée de la femme.*

GINOUILHAC : *Histoire du régime dotal et de la communauté en France.*

GIRAUD : *Du Préciput conventionnel* (1888).

GUILLOUARD : *Traité du contrat de mariage.*

GUYOT : *Répertoire de jurisprudence civile, commerciale canonique et bénéficiale.*

HOTMAN : De veteri ritu nuptiarum et jure connubiorum.

HUC : *Commentaire théorique et pratique du Code civil.*

Journal des Notaires et des Avocats et jurisprudence du notariat. (Années 1826, 1827, 1829, 1837, 1845, 1895.)

LABOULAYE et DARESTE : *Le grand Coutumier de France.*

LAURENT : *Traité du droit civil.*

LEBRUN : *Traité de la communauté entre mari et femme.*

LOCRÉ : *Esprit du Code Napoléon tiré de sa discussion.*

MARCADÉ : *Eléments du Code civil français.*

MASSÉ et VERGÉ : *Jurisprudence et style du notaire contenant la discussion des arrêts.*

MAYNARD : *Notables et singulières questions de droit écrit jugées au Parlement de Toulouse.*

MÉRIGNHAC (L. et A.) : *Traité du régime de la communauté.*

MERLIN : *Répertoire universel et raisonné de jurisprudence.*

MONTHOLON : *Recueil d'arrêts.*

MOURLON : *Précis de droit civil.*

ODIER : *Du Contrat de mariage.*

PANDECTES FRANÇAISES.

PONT : *Droit civil.*

POTHIER : *Œuvres.*

RENUSSON : *Œuvres contenant le traité de la communauté, le douaire, etc.*

ROCHE-PLAVIN : *Arrêts notables du Parlement de Toulouse.*

RODIÈRE et PONT : *Traité du contrat de mariage.*

SIREY : *Recueil général des lois et arrêts.*

SURVILLE : *Aperçu critique sur la loi du 6 fév. 1893.*

TARDIF : *Histoire des sources du droit français.*

TAULLIER : *Théorie raisonnée du Code civil.*

THIÉNOT : *Etude sur la loi du 6 février 1893.*

TOULLIÉ : *Droit civil français continué par Duvergier.*

TROPLONG : *Droit civil. — Traité du contrat de mariage.*

VALROGER (DE) : *Histoire de la Gaule celtique.*

VIGIÉ : *Précis de droit civil.*

VIOLLET : *Précis de l'histoire du droit français.*

ZACHARIÆ : *Cours de droit civil français.*

DU

PRÉCIPUT CONVENTIONNEL

Notions Préliminaires et Historiques

La communauté indépendamment de toute stipulation particulière, se partage par portions égales (article 1474 Code civil). Mais les époux peuvent, à leur
gré, modifier cette répartition : leur convention fait
leur loi ; ils peuvent insérer dans le contrat de mariage telle clause qui leur convient et apposer telles
conditions que bon leur semble, pourvu qu'elles ne
blessent ni l'ordre public ni les bonnes mœurs.

Ainsi ils peuvent convenir que le survivant d'e x
indistinctement ou tel seulement d'entr'eux, prendra
avant partage une certaine somme ou une certaine

1

quantité de meubles, ou des immeubles, ou enfin de l'argent, des meubles ou des immeubles, soit cumulativement, soit alternativement. — Ce droit de prélèvement se nomme préciput de *præcapere*, prendre avant le partage, et préciput conventionnel puisqu'il résulte d'une convention écrite dans le contrat de mariage.

Telle est la clause de préciput conventionnel dont le Code civil nous parle dans les articles 1515 à 1519 qui feront l'objet de notre commentaire.

Après l'avoir étudiée dans l'ancien droit et le droit intermédiaire, nous l'examinerons dans le droit civil.

La comparaison que l'on fait souvent entre la communauté et la société, nous porte à nous demander si une clause préciputaire peut être valablement faite dans un contrat de société.

Dans une société ordinaire, est nulle la stipulation qui affranchit de toute contribution aux pertes, les sommes ou effets mis dans le fonds de la société, par un ou plusieurs des associés (1855. 2°).

Si on ne peut affranchir de toute contribution aux pertes toutes les sommes ou tous les effets mis en société, peut-on du moins en dispenser quelques objets qu'un associé prendra, avant tout partage de la société? L'article 1855 2° est limitatif, aussi, toutes les stipulations qu'il ne prohibe pas, demeurent-elles permises, en vertu du grand principe de la liberté des conventions. Ainsi, les associés peuvent convenir que l'un d'eux aura droit à la moitié du gain et ne supportera que le quart de la perte : cet associé aura droit à la moitié du bénéfice résultant de l'ensemble des opérations si la société prospère, et il ne devra supporter qu'un quart de la perte, si la société est en déficit.

Une convention préciputaire ne peut être valable et produire quelque effet dans une société ordinaire qu'à une condition, c'est qu'à la dissolution de la société, il y ait des bénéfices dans les opérations, de cette société. S'il y a des bénéfices, on peut, en effet, donner à chacun des associés la part qui lui revient, et autoriser l'un d'eux, au cas de convention expresse, à reprendre avant tout partage certains objets qu'il avait mis dans le fonds social.

Si, au contraire, la liquidation de la société fait apparaitre un déficit, il n'est pas possible qu'un des associés puisse prendre certains effets ou une somme déterminée avant le partage. Une pareille convention aurait pour effet de soustraire ces objets à la contribution aux pertes. Nous ne croyons pas que ce soit le désir de la loi : l'actif d'une société doit servir, avant tout, à désintéresser les créanciers : en principe, les associés doivent avoir des parts de bénéfices proportionnées à leurs apports : aussi ne pouvons-nous admettre, en cas de déficit dans une société, qu'un associé puisse prendre, avant tout partage, des objets destinés au paiement des dettes de cette société.

Avant d'aborder notre étude, nous ne devons pas passer sous silence certaines dispositions de notre Code civil qui constituent, semble-t-il, un vrai préciput. Ce sont les articles 1465, 1481 et 1492.

Elles rappellent le préciput légal que nous trouverons plus tard, préciput accordé à l'époux noble survivant pour lui permettre de continuer dans son veuvage l'existence qu'il avait pendant son mariage.

L'article 1465 accorde à la veuve, qu'elle accepte la communauté, ou qu'elle y renonce, sa nourriture sur les provisions existantes, pendant les trois mois et quarante jours qu'elle a pour délibérer. Cette disposition permet encore à la femme d'habiter une maison dépendant de la communauté ou appartenant aux héritiers du mari, avec dispense de tout paiement de loyers.

En vertu de l'article 1481, le deuil de la femme lui est dû par les héritiers du mari prédécédé. Enfin, la femme a le droit, quand elle répudie la communauté, de retirer les linges et hardes à son usage (art 1492).

Ces dispositions législatives dérivent-elles de l'ancien préciput légal ou faut-il en chercher ailleurs le fondement? C'est à ce second parti qu'il faut se ranger.

En effet, le but principal du préciput légal est de maintenir l'époux survivant dans une situation aussi favorable que celle qu'il avait pendant le mariage. Les anciennes coutumes ont voulu que cet époux trouvât une compensation au bénéfice de l'association qu'il perdait, et, surtout s'il s'agissait de la femme, qu'elle obtînt un dédommagement pour les profits

venant du travail du mari dont elle allait être privée.
— Dans l'esprit des dispositions que nous avons
citées (art. 1465, 1481, 1492), aucun de ces caractères
n'apparait. — C'est dans un intérêt plus général, pour
des raisons de convenance et d'humanité, que le législateur les a édictées. La femme que la mort de son
mari vient surprendre, n'a pu songer à se préparer
des ressources pour satisfaire ses premiers besoins :
l'abandon dans lequel elle se trouve lui enlève toute
force et tout loisir d'en rechercher; il faut bien qu'elle
vive et se nourrisse sur l'argent de la communauté.
C'est ainsi que l'article 1465 est justifié.

L'article 1481 se justifie par des considérations d'un
ordre analogue : le législateur en mettant le deuil
de la femme à la charge des héritiers du mari, veut
encourager la veuve à rendre un hommage public à
la mémoire de son époux défunt. — Peut-être même
considère-t-il que l'obligation pour la veuve de supporter les frais de son deuil, constituerait pour elle
une charge fort lourde, parce qu'il n'est pas rare que
la mort du mari ne diminue beaucoup les ressources
de la femme, quand elle ne la laisse pas dans la
misère.

Quant à l'article 1492, qui permet à la femme de
reprendre les linges et hardes à son usage, il s'explique aisément. Il est, en effet, décent, que la femme
rentre en possession de ces objets à son usage, car
ce ne serait pas convenable qu'ils passent en des
mains étrangères; qu'après tout, il faut que la femme
ait de quoi se vêtir : *mulier non potest abire nuda.*

Ces dispositions dont nous venons de parler, ne

peuvent, pour les raisons ci-dessus indiquées, être rapprochées du préciput légal de nos anciennes coutumes. Tirons-en une conséquence qui découle du reste des vieux textes législatifs réédités par l'article 1518. Quand la communauté est dissoute par la faute d'un époux, par une séparation de corps, l'époux en faveur de qui la séparation est prononcée, conserve son droit au préciput, l'autre en est privé. — Ces dispositions ne s'appliquent pas aux avantages résultant des articles 1465, 1481, et 1492. Ceux accordés par les deux derniers articles et relatifs au paiement du deuil de la veuve — et à la reprise de ses linges et hardes personnels, sont fondés sur des motifs qui conservent toute leur force et toute leur énergie quelle que soit la cause de dissolution de la communauté. Mais quant à l'article 1465, c'est-à-dire au droit pour la femme de se nourrir sur les provisions de la communauté, s'il ne subsiste pas au cas où celle-ci se dissout par la séparation de corps, c'est que la femme n'a pas à supporter les charges de l'administration de cette communauté. Par conséquent, pourquoi lui donnerait-on une compensation en l'autorisant à se nourrir sur la communauté pendant les trois mois et quarante jours qui suivent sa dissolution ? — Dans le cas de décès du mari, au contraire, la femme devient l'administrateur des biens de la communauté dissoute : les charges que lui donne cette administration sont compensées par la nourriture qu'elle prend sur la communauté pour elle et ses domestiques.

DROIT ANCIEN

I

ORIGINE DU PRÉCIPUT CONVENTIONNEL

Dans notre ancien droit, les coutumes nous parlent du préciput légal et du préciput conventionnel. Le préciput légal n'existe plus dans notre législation actuelle; il est bon cependant de ne pas l'écarter de notre étude, car il a donné naissance au préciput conventionnel ou du moins s'est développé et a existé à côté de ce dernier.

On appelait préciput légal, le droit accordé par plusieurs coutumes au survivant des époux et qui consistait dans la propriété de certains meubles (1),

(1) Coutume de Paris, art. 238.

ou de tous les meubles (1), ou dans la propriété des acquêts, ou tout à la fois dans l'un et l'autre de ces avantages. Le prélèvement était autorisé sur certains meubles ou même sur tous les meubles de la communauté sous diverses conditions et notamment celle de payer les dettes et funérailles du prédécédé. Il y avait lieu au préciput légal quand l'un des conjoints « *va de vie à trépas* ». — Certaines coutumes ne l'accordaient qu'au conjoint noble; l'étranger, l'aubain n'y avaient pas droit, car ce droit résultait du droit civil et que les droits de l'aubain étaient régis par le droit des gens. « *Solius juris gentium communionem habet non juris civilis.* »

Voilà ce que fut le préciput légal dont les nobles seuls profitaient. Progressivement, cette institution devint accessible aux roturiers qui la transformèrent par leurs conventions. C'est ainsi que, dans tous les contrats de mariage où les conjoints établissaient entre eux une communauté de biens, il était d'usage de stipuler en faveur du survivant un préciput comprenant des meubles ou une certaine somme d'argent à prendre sur les biens communs, sans aucune diminution de la part du survivant sur le reste de la communauté. Tel est le préciput conventionnel dont l'origine est fort obscure. — Il nous parait pourtant bien naturel de dire que le préciput conventionnel, clause modificative de la communauté, a dû faire son apparition peu de temps après cette dernière.

(1) Coutume de Vitry, art. 68; coutume de Reims, art. 273 et 281.

Sans rechercher les origines du régime de la communauté, nous ne devons pas, du moins, perdre de vue que dans les législations anciennes, le mariage est un achat de la femme par le mari *nummo uno*. C'est un usage constant que l'Eglise combattit de toutes ses forces pour le déraciner des mœurs barbares (1).

A cette époque, il est sûr que l'idée de préciput ne pouvait paraître dans les esprits. Mais quand les mœurs s'adoucirent, grâce aux efforts persévérants de l'Eglise, il est bien naturel que les époux aient songé, avant la célébration de leur mariage, à assurer l'existence du survivant d'entre eux.

Assurément, c'est à une époque bien postérieure que le préciput conventionnel a dû se former. Le régime de la communauté étant adopté d'une façon usuelle dans certains pays de coutume, cette institution n'a pas échappé à la règle prétorienne qui régit toute institution.

On a modifié le régime de la communauté. La modification la plus naturelle que les besoins de la vie pratique ont inspirée aux individus, est la communauté d'acquêts : c'est le partage par moitié des biens acquis pendant la communauté, une moitié à l'époux survivant, l'autre moitié aux héritiers de l'époux décédé. Comme l'époux survivant aurait pu, après partage, ne pas avoir de biens suffisants pour subvenir à ses besoins, les conjoints, lors du mariage, ont

(1) Adolphe Tardif, *Histoire des sources du Droit français.*

convenu que le survivant prendrait d'abord tels biens, tels meubles, tels joyaux, etc., sur les biens de la communauté.

Tel est, à notre avis, le préciput qui a dû se former peu de temps après l'avènement de la communauté. C'est vers le douzième ou treizième siècle qu'il a dû faire son apparition dans les usages. Au quinzième siècle seulement, on peut le trouver mentionné dans les textes, à la suite de l'ordonnance de Montilles-Tours, par laquelle Charles VII ordonnait la rédaction des Coutumes.

Quoiqu'il en soit, de l'origine du préciput conventionnel, et comme il nous est impossible de déterminer le moment précis de son apparition dans nos coutumes, tout ce que l'on peut affirmer, c'est que cette institution est postérieure au régime de la communauté et qu'il nous faut arriver au dix-huitième siècle pour la voir dans son développement complet.

A cette époque, chaque province avait ses lois et ses coutumes : il en résultait que toute convention pouvait varier de province à province, voire même dans chaque contrat. La convention du préciput ne pouvait échapper à ces variations diverses. En effet, les conjoints convenaient d'abord des objets qui devaient être pris en préciput : ils pouvaient ne pas les désigner chacun en particulier, mais convenir qu'une quote-part des meubles au choix du survivant serait prélevée à titre de préciput. Ils pouvaient encore comprendre dans leur convention tous les biens d'une certaine classe par exemple : pour la femme, ses vêtements ses objets de toilette, *mundus muliebris*; pour le mari

ses livres ou objet d'art, ses armes, ses chevaux, etc.
Ils pouvaient encore convenir qu'il y aurait ouverture
au préciput à la dissolution de la communauté survenue par une absence prolongée, par une condamnation ou la mort naturelle.

Ainsi, comme on le voit, le préciput conventionnel
avait pris dans nos mœurs une grande place : c'était
à côté du préciput légal qu'il s'était formé et développé au profit des roturiers.

Quand le Code fut promulgué, presque toutes les
institutions rappelant l'ancien régime et les vieilles
distinctions des classes, disparurent. Le préciput légal ne résista pas à l'esprit réformateur du législateur. Il disparut et il ne resta pour le rappeler que
l'expression de préciput conventionnel, expression
exacte il est vraie, mais désormais dépourvue de toute
utilité. Le préciput de l'article 1515, résulte, en effet,
d'une convention, mais la disparition du préciput légal a rendu inutile l'expression de préciput conventionnel.

II

NATURE DU PRÉCIPUT CONVENTIONNEL

Le préciput est-il une convention de mariage ou une libéralité ?

Nos anciens auteurs étaient divisés sur cette question.

Lebrun ne considérait pas la clause dont nous nous occupons comme une véritable libéralité. Se demandant sur quels biens la femme peut prendre le préciput qu'elle a stipulé par contrat de mariage, voici ce qu'il nous dit :

« Le préciput se peut prendre sur les propres du mari, quand il est donné à la femme, en cas qu'elle renonce à la communauté, parce qu'en ce cas, c'est une donation (1). » Nous nous occuperons plus tard

(1) Lebrun, *Traité de la Communauté*, liv. III, ch. II, sect. I, dist. IV, n° 5.

de ce texte qui a trait au préciput de la femme renonçante.

Un peu plus loin, dans le même traité, Lebrun re-
cherche si le préciput peut être réduit au profit des
enfants d'un mariage précédent. « Il faut pourtant
être averti, dit-il, que le préciput passe pour un titre
lucratif dans l'exécution de l'édit des secondes noces (1). » Et, à ce sujet, il nous rapporte un arrêt du
10 juillet 1656 « au profit des enfants du premier lit
de M. Poitevin, premier président de la Cour des Mon-
naies. Dans l'un des chefs de cet arrêt, il a été jugé que
le préciput porté par le contrat de M. Poitevin et de
dame Catherine Godet sa seconde femme, devait être
réduit, avec les autres avantages qu'il lui avait faits
par le même contrat, à la part du moins prenant des
enfants suivant la première partie de l'Edit ».

Mais pour bien nous montrer que l'application de
l'Edit des secondes noces était un cas spécial et ex-
ceptionnel, Lebrun se hâte d'ajouter qu'il n'en est pas
de même à l'égard des enfants nés du mariage. « Il
ne s'ensuit pas, dit-il, que le préciput soit sujet à toutes les autres règles que le droit a établies pour les
gains nuptiaux, par exemple il appartient tout entier
à la veuve et les enfants ne le peuvent trouver que
dans sa succession (2). »

Dans un autre passage, Lebrun généralisant le principe, à savoir que toute clause modifiant le partage

(1) *Ibid.*, n° 7.
(2) *Ibid.*, n° 8.

égal de la communauté n'est pas sujette à insinuation, « ainsi un partage de communauté stipulé inégal n'est pas un avantage sujet à insinuation. Comme
aussi un don fait à la femme pour tout droit de communauté, n'est pas sujet à insinuation (1) ». Plus
loin et dans le titre des successions, le même auteur,
après avoir parlé des diverses clauses de la communauté conventionnelle, affirme qu'elles sont « réputées onéreuses (2) ».

A côté de Lebrun, dont l'opinion est très précisé,
nous trouvons Pothier dont les idées et les expressions ont donné naissance à l'équivoque que nous
trouverons dans l'article 1516.

Pothier donne en effet à la convention préciputaire
un caractère mixte, car, tout en reconnaissant d'un
côté, que c'est une convention de mariage, il lui
trouve par ailleurs le caractère de donation. Comme
Lebrun, son devancier, ce jurisconsulte soumet en
effet le préciput à l'édit des secondes noces qui prescrit une réduction, « si la part de l'enfant moins prenant montait à moins que le préciput (3) ». Mais tout
en admettant d'une part le caractère de libéralité
pour le préciput, il l'écarte d'un autre côté, quand il
nous dit que cette convention ne sera pas soumise à
la formalité de l'insinuation. Il se prononce pour la
négative, en invoquant l'article 21 de l'ordonnance

(1) Lebrun, *loc. cit.*, liv. I, ch. III, n° 18.
(2) *Ibid.*, *Successions*, liv. II, ch. III, sect. V, n° 7.
(3) Pothier, *loc. cit.*, n° 442.

de 1731, mais il donne ce résultat comme une conséquence de ce que le préciput est regardé plutôt comme
convention de mariage que comme donation (1).

Dans son traité du Mariage précisant son opinion,
Pothier nous dit : « Quoique la convention du préciput soit une convention ordinaire de mariage (2) »,
elle renferme un avantage sujet à la réduction de
l'Edit.

Enfin, il devient plus explicite encore, lorsqu'il
nous dit que « les conventions matrimoniales ne sont
pas réputées donations, et par conséquent ne sont pas
sujettes à la légitime (3) ». Toutefois, à l'égard du
préciput il fait certaines réserves pour le cas où il serait excessif : car alors il y a lieu à réduction par
application de l'Edit de secondes noces et dans le cas
d'existence d'enfants d'un premier lit.

L'opinion du célèbre jurisconsulte nous parait bien
être que la convention du préciput constitue toujours
un acte à titre onéreux. S'il semble faire des restrictions, c'est en faveur de l'équité et pour certains cas
particuliers.

Des divers textes de Lebrun et de Pothier, il ressort
bien que la convention préciputaire est une convention à titre onéreux, sauf les réserves déjà signalées.
— D'accord avec ces illustres auteurs, qu'il nous soit
permis d'appuyer notre opinion sur un texte, l'article 19 de l'ordonnance de 1731, qui énumère les actes

(1) *Ibid*.
(2) Pothier, *Mariage*, n° 549.
(3) Pothier, *Donation entre vifs*, sect. III, art. 5, § 2.

sujets à insinuation. Disons, en passant, pour que notre argument ait quelque valeur, que seuls, les actes
à titre gratuit sont soumis à insinuation. L'article 19, après avoir indiqué les divers actes qui doivent être insinués, dispense de cette formalité, les
gains de noce et les gains de survie. C'est conclure,
en vertu de ce dernier passage, que la clause précï-
putaire ne fait pas partie des actes à titre gratuit,
mais des dispositions à titre onéreux.

Du reste, l'ancienne jurisprudence (1) décide d'une
façon constante que la clause attribuant la totalité de
la communauté au survivant, n'est pas une donation
sujette à insinuation. Par conséquent, *à fortiori*, semble-t-il, pour la clause de préciput ou une partie de la
communauté seulement est attribuée au survivant, il
y a lieu de voir une clause à titre onéreux.

Pothier et Lebrun dont l'opinion nous a longuement
arrêté ont eu des devanciers d'opinions différentes. —
Qu'il nous suffise de citer Guy Coquille qui est comme
prévenu contre les avantages entre époux. C'est d'un
très mauvais œil qu'il voit les bagues et joyaux re-
tourner aux femmes devenues veuves. C'est avec la
partialité d'un déshérité de la vie qu'il juge les senti-
ments des femmes au moment de leur mariage. Le
passage suivant servira amplement d'exemple.

« La veuve, dit-il, en parlant des bagues et joyaux,
n'en a que faire si ce n'est pour trouver un nouveau
mari, et il n'est pas bienséant qu'elle en retrouve un

(1) Brodeau, *Recueil d'arrêts*, p. 623.

aux dépens du défunt, ni qu'elle se pare pour plaire à un autre qu'à son mari qui les lui a donnés (1) ».

Après Coquille, et même après Pothier, nous trouvons Merlin dont le sentiment diffère absolument de l'opinion de ce dernier. Son avis ressort d'un exposé qu'il fait d'un arrêt de la Cour de cassation rendu sur ses propres conclusions. Voici l'hypothèse : il s'agit d'une clause par laquelle des époux ont attribué réciproquement au survivant d'eux, l'usufruit de la portion d'acquêts restant aux héritiers du prémourant. Et voici les motifs qu'il allègue pour soutenir son opinion. « Ni la loi, ni l'usage, dit-il, n'assignent cet usufruit à l'époux survivant : le survivant n'y a droit qu'autant qu'on le lui a donné par une disposition expresse : et cette disposition ne peut, d'après cela, avoir aux yeux de la loi, d'autre caractère que celui d'une donation proprement dite (2). »

Le critérium de Merlin est donc celui-ci : les avantages qui dérivent de la convention sont des libéralités, ceux qui dérivent de la loi ou de l'usage sont hors de toute atteinte quant à la réserve.

Et ce qui prouve que c'est bien la manière de voir de Merlin, c'est qu'il rapporte un passage de Boucher d'Argis (3) dans lequel la même idée se trouve développée : « Pour ce qui est des donations de survie, y est-il dit, et autres gains nuptiaux qui ne sont fondés

(1) Coquille, *Questions*, 116.
(2) Merlin, *Questions de droit*, v° *Légitimes*, § 4.
(3) *Traité des gains nuptiaux*, ch. 18.

que sur la convention expresse des parties, ils sont, sans contredit, réductibles. » — Il n'y a donc pas de doute et Merlin sur ce point s'est nettement séparé de ses dévanciers, car il se refuse à voir autre chose que des libéralités dans les dispositions de cette nature intervenant entre époux et dérivant de la convention expresse des parties. Mais on s'étonnera moins de cette solution, si l'on remarque que l'arrêt dont nous venons de parler se rapporte à une hypothèse régie par les lois anciennes et a été rendu le 21 floréal an X, qu'il est donc postérieur au décret du 17 nivôse an II dont les dispositions ont introduit un droit nouveau en la matiére.

III

AU PROFIT DE QUI LE PRÉCIPUT EST-IL STIPULÉ?

On distinguait, suivant que le préciput était stipulé au profit du mari ou au profit de la femme :

1° Stipulé au profit du mari, voici comment se réglait le préciput : si les héritiers de la femme prédécédée acceptaient la communauté, le mari exerçait le *jus præcipiendi*.

Si, au contraire, ils renonçaient à la communauté, la clause préciputaire ne pouvait sortir à effet, par suite de la confusion des biens communs avec les biens du mari ;

2° Stipulé au profit de la femme, le préciput ne se réglait pas comme le préciput convenu en faveur du mari. Il fallait encore distinguer suivant que la femme acceptait la communauté ou y renonçait.

Acceptant, la femme exerçait le préciput sur les biens communs, c'est-à-dire sur la masse partageable, déduction faite de toutes les reprises, biens propres et dettes.

Si la femme renonçait à la communauté, elle n'avait plus droit au préciput sur les biens communs. Cependant, nos anciens auteurs étaient loin d'être d'accord à ce sujet.

Les uns (1) nous disent que la femme avait droit au *jus præcipiendi* en renonçant à la communauté, quand même le préciput n'aurait pas été stipulé au cas de renonciation. Le Camus, qui admettait cette opinion, l'exposait et la soutenait par analogie de ce qui se passait pour le préciput légal de la veuve noble survivante et renonçant à la communauté.

Les autres auteurs nous disent, au contraire, que la femme pouvait exercer son préciput au cas de renonciation à la communauté, mais seulement lorsque le contrat de mariage contenait une stipulation expresse à cet égard (2).

L'opinion de ces derniers auteurs nous parait la plus acceptable ; aussi refuserons-nous à la femme renonçante le préciput qui n'a pas été stipulé en sa faveur, au cas où elle renoncerait. Mais, d'un autre côté, quand une clause de ce genre se trouvera dans un contrat, nous devons, avec tous nos anciens Parlements, admettre la femme à exercer le *jus præcipiendi*, non seulement sur les biens communs, mais encore sur les propres du mari.

---

(1) Le Camus, *Observations sur la Coutume de Paris*, n° 237.

(2) Pothier, *De la Communauté*, n° 448 ; Lebrun, *De la Communauté*, n° 4 *in fine* et 5.

IV

·

OUVERTURE DU PRÉCIPUT CONVENTIONNEL

Voici les évènements qui donnaient ouverture au préciput. A cet égard, la convention préciputaire soulevait bien des questions délicates, dont nous détacherons les suivantes :

1º La mort naturelle donnait ouverture au préciput : c'était là un point incontestable. Fallait-il donner la même solution au cas de mort civile de l'un des époux ? Ce point était fortement discuté, et notre jurisprudence variait beaucoup à cet égard.

Pothier (1) nous rapporte un arrêt rendu par Henri II le 2 juin 1549, arrêt par lequel il était jugé que la mort civile ne donnait pas ouverture au préciput.

Quelque temps après, nous dit encore Pothier au

_____

(1) Pothier, *De la Communauté*, nº 463.

même titre, n° 443, le Parlement de Paris jugea le fait suivant : « Un homme était sorti du royaume pour cause de religion : la mort civile que sa sortie lui faisait encourir, allait elle donner ouverture au gain préciputaire au profit de sa femme ? » Le Parlement de Paris le décida, s'écartant ainsi de l'arrêt de 1549.

Quels pouvaient donc être les motifs qui faisaient ainsi varier la jurisprudence de nos Parlements ?

Examinons d'abord les raisons en faveur de la solution qui voulait que la mort civile ne donne pas naissance au préciput conventionnel.

Les époux, en effet, dans leur clause préciputaire prévoyaient le fait suivant : ce n'était qu'au cas de mort naturelle de l'un des époux que la clause préciputaire produirait son effet au profit de l'autre. — La mort naturelle étant la seule circonstance prévue par les parties, on se demande avec raison, semble-t-il, comment on a pu étendre leur pensée : comment, en effet, les époux ont-ils pu songer à la mort civile qui était encourue à l'occasion de crimes commis par l'un d'eux ?

Donc, quant à l'assimilation entre la mort civile et la mort naturelle, il ne faut guère s'y arrêter. Tandis que l'une produit, il est vrai, des incapacités très grandes, elle laisse, du moins, quelque espoir de renaître à la vie (une lettre du Roi pouvait, en effet, réhabiliter) ; l'autre, au contraire, rend incapable à jamais et détruit tout, même l'espérance.

D'après d'autres, la mort civile donnait ouverture au préciput, c'était même la solution que la jurisprudence paraissait vouloir adopter. On disait pour sou-

tenir cette opinion : la mort civile donne ouverture à
la succession en faveur de ses héritiers, pourquoi, par
assimilation, la mort civile ne donnerait-elle pas ouverture au préciput? — Le mort civil est aussi incapable que le mort naturellement : pourquoi ne pas
faire produire à la mort civile un effet analogue à
celui de la mort naturelle?

J'avoue, pour ma part, que je serai assez porté à
admettre le premier système, qui consiste à dire que
la mort civile ne donnera pas ouverture au préciput:
je conçois parfaitement que les époux en faisant cette
convention pensent à la mort naturelle, mais ne puissent songer un instant à la mort civile, résultat d'un
crime à venir de l'un d'eux. — D'un autre côté, l'assimilation faite dans l'autre système, en tirant argument des successions ne peut avoir de portée. On ne
peut argumenter des successions, à la convention de
préciput : car les successions sont susceptibles d'une
interprétation beaucoup plus étendue que ne le sont
les conventions entre vifs. Par là, on voit donc que
l'assimilation est très risquée, ou du moins bien in-
complète.

Quoiqu'il en soit, la coutume et la jurisprudence
sont d'accord pour voir dans la mort civile un cas
d'ouverture du préciput conventionnel. Et il a fallu,
nous disent les auteurs, la pression d'Henri II sur un
Parlement pour que ce dernier rendit un arrêt refusant l'ouverture du préciput en cas de mort civile.

Qu'il nous soit permis de voir rapidement quelques
décisions les plus célèbres qui ont été rendues en

celte matière. Ces arrêts nous feront connaitre de nouveaux cas d'ouverture du préciput (1).

2° Nous avons vu que la mort civile donnait ouverture au préciput. Si le mari n'a été condamné que par contumace, on ne doit accorder à la femme les gains de survie qu'en donnant caution de les rapporter. Cette décision est fondée sur ce qué le mari peut, dans les cinq années, se représenter pour purger la contumace et se faire absoudre du crime dont il est accusé. Voilà un cas nouveau où l'époux peut prendre le préciput, bien que son conjoint soit encore vivant.

Favard, Guyot et Montholon nous en rapportent bien d'autres dont voici les principaux.

3° Quand une femme est séparée de biens à cause de la faillite de son mari, elle peut non seulement répéter la dot, mais encore demander la jouissance de ses gains nuptiaux et de survie, à l'égard desquels elle doit avoir la même préférence que pour la dot.

Divers arrêts l'ont ainsi jugé : Montholon en rapporte un de l'an 1590, et on en trouve un autre du 18 juillet 1656 au journal des audiences.

4° La même règle doit être observée dans le cas de séparation de corps et de biens, ordonnée en justice pour sévices ou mauvaises mœurs du mari. — D'Ar-

---

(1) Pothier, *Communauté*, n° 443; Guyot, voir au mot *Gains de survie* (*Répertoire de jurisprudence civile, criminelle et canonique*); Favard, *Répertoire de Législation*, n° 10,004; Montholon, *Arrêts*, art. 140.

gentré (1) nous l'atteste dans son commentaire sur la *Coutume de Bretagne* et le parlement de Paris l'ajugé dans un arrêt du 5 septembre 1783.

5° Si le mari est absent du royaume depuis dix ans, s'il n'a plus donné de ses nouvelles, la femme peut demander la jouissance du préciput, mais en donnant caution. Cette garantie est exigée d'elle, pour la restitution éventuelle du préciput.

La mort naturelle, la mort civile, la séparation de corps, la séparation de biens, l'absence, donnent ouverture au préciput. Il peut exister des raisons qui privent l'époux de cet avantage.

A cet égard, il y a des causes qui sont communes à la femme et au mari, d'autres n'ont rapport qu'à la femme.

Celles qui concernent le mari et la femme sont, en premier lieu, le meurtre d'un des conjoints occasionné par l'autre. En second lieu, le survivant qui ne poursuit pas, devant les juges, la vengeance de la mort du prédécédé, doit être privé de son préciput.

En outre de ces clauses qui sont communes à l'un et à l'autre des conjoints, la femme peut être privée du préciput pour des raisons particulières.

a) La femme qui a quitté son mari, sans cause légitime est privée du préciput. Nous ne nous arrêterons pas aux expressions « cause légitime » qui ont soulevé de nombreuses interprétations dont l'examen

_____

(1) *Commentaire de la Coutume de Bretagne*, ch. XIX, *Des Mariages*.

nous entraînerait loin du cadre restreint de notre sujet.

b) La femme convaincue d'adultère, doit être privée de ses avantages nuptiaux, à moins que son mari ne se soit réconcilié avec elle. L'adultère de la femme est regardé comme la plus grande indignité qui puisse la frapper. Aussi d'Espeisses (1) dit-il « la femme ne peut pas demander les avantages nuptiaux, lorsqu'elle a commis adultère, soit qu'à cause dudit adultère, par sentence du juge ecclésiastique, elle ait été séparée de son mari (comme cela a été jugé au parlement de Toulouse (2), et au Parlement de Paris par arrêt prononcé en robes rouges en décembre 1612 (3) ou bien qu'elle s'en soit séparée volontairement et sans sentence. Mais afin que la sus-dite peine ait lieu, continue d'Espeisses, il faut que la femme, depuis le dit adultère ne se soit pas réconciliée avec son mari, car, autrement, elle n'aurait pas lieu. »

c) La femme qui vit « luxurieusement », comme nous disent nos anciens auteurs, après la mort de son mari, perd ses avantages nuptiaux, non seulement si elle s'est mal conduite dans l'année du deuil, mais encore si elle s'est mal « gouvernée après le dit temps » : C'est ce qui a été jugé par le Parlement de Toulouse en septembre 1604 (4).

(1) D'Espeisses (A), *Œuvres*, tome I, partie I, titre XIII, section V, n° 23.

(2) Maynard, livre IV, chapitre II, nombre 2.

(3) Montholon, *Arrêts*, art. 140.

(4) La Roche, *Arrêts*, liv. II, v° *Mariage*, tit. IV, art. 25.

Nous avons vu les cas dans lesquels la femme et le mari sont privés de l'avantage préciputaire. C'est au droit écrit que nous devons ces dispositions qui sont du plus haut intérêt pour notre étude.

C'est encore dans notre droit écrit que nous trouvons une institution tendant à garantir le préciput, lorsque le mari ou la femme n'en sont pas privés pour les causes ci-dessus indiquées.

Je veux parler de l'hypothèque conférée à l'époux préciputaire sur les biens du prédécédé. Cette hypothèque date du jour du contrat de mariage : l'époux préciputaire est préféré aux créanciers de son conjoint postérieurs au contrat de mariage, quoiqu'ils aient contracté avant que le préciput ne fut dû. C'est un arrêt du Parlement de Toulouse qui l'a décidé en ce sens, au mois de septembre 1596 (1).

S'il arrive que le mari n'a pas de biens libres, une hypothèque frappe les biens à venir, car telle est, disait-on, la volonté des parties. L'intérêt des créanciers est bien sacrifié, mais le législateur de cette époque disait ce qu'il dit encore. « Les créanciers se doivent imputer de n'avoir pas bien examiné la qualité et la condition de leur débiteur. » *Sibi imputabunt eum tali contraxisse.*

---

(1) La Roche, *Arrêts*, liv. VI, sous le mot *Dot*, tit. 41, art. 23.

DROIT INTERMÉDIAIRE

Le législateur de la période intermédiaire apporta quelques modifications en notre matière, principalement en ce qui concerne la nature du préciput.

Décret du 17 nivôse an II relatif aux donations et successions. Article 13. Article 14.

Il nous suffit de citer le texte de l'article 13. « Les avantages singuliers ou réciproques stipulés entre les époux encore existants, soit par leur contrat de mariage, soit par des actes postérieurs ou qui se trouvent établis dans certains lieux par les coutumes, auront leur plein et entier effet.

Néanmoins, s'il y a des enfants de leur union ou d'un précédent mariage, ces avantages, en cas qu'ils consistent en simple jouissance, ne pourront s'élever au delà de la moitié des revenus des biens délaissés par l'époux décédé et s'ils consistent en des dispositions de propriété soit mobilière, soit immobilière, ils seront restreints à l'usufruit des choses qui en seront l'objet, sans qu'ils puissent excéder la moitié du revenu de la totalité des biens. »

Ce texte vise d'abord les donations faites par contrat et aussi les avantages résultant des conventions matrimoniales puisqu'il parle de ceux qui seraient établis par les coutumes, statuts ou usages, ce qui ne peut s'appliquer qu'aux conventions matrimoniales, et non aux donations qui résultent d'un texte légal. — De cet examen, il résulte que le décret de l'an II ne distingue pas entre les avantages faits à titre de libéralité par le contrat qui régit les époux et ce qu'on appelle proprement les conventions de mariage. L'article 13 en effet nous parle « des avantages singuliers ou réciproques stipulés entre les époux, » et l'article 14 « des avantages résultant des dispositions matrimoniales ».

Il est impossible qu'en parlant des avantages singuliers et réciproques, le législateur n'ait pas songé au préciput dont nous nous occupons.

Il est donc certain que depuis la loi de nivôse an II il n'y a plus de distinction entre les avantages gratuits intervenus entre les époux et les conventions de mariage. Sur ce point, comme sur bien d'autres, le législateur a introduit une rigoureuse uniformité.

Après avoir examiné ce que fut le préciput dans l'ancien droit, et le droit intermédiaire, nous devons l'étudier dans notre droit civil.

L'article 1515 nous donnera la division de notre sujet.

Cet article nous dit : « La clause par laquelle, l'époux survivant est autorisé à prélever avant tout partage une certaine somme ou une certaine quantité d'effets mobiliers en nature ne donne droit à ce prélèvement au profit de la femme survivante « que lorsqu'elle accepte la communauté à moins que le contrat de mariage ne lui ait réservé ce droit même en renonçant ».

On comprend aisément que le préciput puisse s'exercer lorsqu'il y a acceptation de la communauté par la femme, et par suite partage. Le mot préciput vient en effet de *præcapere :* Comment prendre avant sur une masse qu'on ne partage pas? C'est ce qui arrive quand la femme renonce à la communauté. Il est cependant permis de stipuler un préciput même pour le cas où la femme renonce à la communauté. Mais dans ce cas, est-ce un vrai préciput? C'est là une question que nous examinerons au cours de notre étude.

Dans une première partie nous étudierons le préciput proprement dit : la clause par laquelle une femme peut prendre certains objets, même au cas de renonciation à la communauté, fera l'objet d'une deuxième partie.

Dans la première partie, nous verrons si le préciput est une convention à titre gratuit, ou une clause à titre onéreux : nous chercherons ensuite quelle est l'interprétation qu'on doit lui donner, quels sont les objets qu'elle peut comprendre. Les effets du préciput et les causes qui lui donnent naissance feront l'objet de divisions spéciales. — La mort est la cause normale d'ouverture du préciput. Le divorce, la séparation de corps et de biens en sont les causes accidentelles. La loi du 6 février 1893 portant modification de la séparation de corps nous fournira l'occasion d'étudier les effets et les conséquences d'une réconciliation entre époux séparés de corps sur notre clause préciputaire.

Dans la deuxième partie, après avoir examiné si le préciput de la femme renonçante est un vrai préciput, nous en rechercherons la nature et les effets. Si la renonciation à la communauté se produit après la séparation de corps, et si la réconciliation suit plus tard, nous verrons la nouvelle influence de la loi du 6 février 1893, sur le préciput.

Nous nous bornerons dans notre étude au commentaire des articles 1515 à 1519 du Code civil avec les décisions de jurisprudence qui ont trait à la matière. A cet égard, nous devons dire que les tribunaux ont rarement à se prononcer sur l'exécution où l'interprétation de la clause préciputaire. Il ne faut pas en être surpris, car la convention préciputaire est toujours très nettement exprimée. Elle consiste, le plus souvent, à donner l'énumération d'objets ou à fixer une somme à prendre avant tout partage sur les biens communs. Il est difficile de se tromper dans l'interprétation de ces stipulations. Aussi les époux ou leurs héritiers exécutent-ils, de bonne foi, la clause préciputaire, sans demander aux tribunaux de l'interpréter ou de sanctionner son exécution.

DROIT CIVIL

PREMIERE PARTIE

Du préciput proprement dit

CHAPITRE PREMIER

NATURE. — ÉTENDUE DU PRÉCIPUT

SECTION PREMIÈRE

Nature du préciput.

Le préciput a-t-il le caractère d'un acte à titre gratuit ou d'un acte à titre onéreux ?

C'est là une question que nous avons examinée dans l'ancien droit, et dont le Code civil ne nous a

pas donné la solution. Cela vient de ce que ses rédacteurs se sont conformés au texte de Pothier. Ce dernier, comme nous l'avons vu, ne détermine pas, d'une
façon précise, la nature du préciput : il lui donne un
caractère mixte : d'un côté, en effet, il dispense notre
clause des formalités ordinaires des actes à titre gratuit, c'est-à-dire de l'insinuation, et de l'autre il lui
fait produire les effets d'une donation en le soumet-
tant à l'Edit des secondes noces.

Ce sont ces dispositions que l'article 1516 reproduit
très fidèlement. Il nous dit en effet : « Le préciput
n'est pas regardé comme un avantage sujet aux formalités des donations, mais comme une convention
de mariage. »

En quel sens le préciput n'est-il pas soumis aux
formalités des donations? Cela suppose qu'il y a des
formalités prescrites pour les donations qui ne doivent pas être observées pour le préciput, alors même
que l'on considérerait le préciput comme une libéralité quant au fond : car si le préciput n'est pas une
donation, il va sans dire que les formalités des donations ne lui sont pas applicables.

L'acceptation de la libéralité, faite expressément
par le donataire, l'état estimatif prescrit par l'article 948, et la transcription des donations immobiliè-
res en vertu de l'article 939, en un mot, aucune formalité prescrite pour les donations ne peut être
appliquée au préciput.

Mais alors, que veut donc dire l'article 1516? Il a
été emprunté à Pothier, et le législateur de 1804 n'a
pas bien saisi la pensée du célèbre jurisconsulte, car

il a laissé intacte, la controverse qui avait déjà divisé nos anciens auteurs. — Pour être plus clairs, les rédacteurs du Code auraient pu rédiger l'article 1516 de la manière suivante : « Le préciput, tout en gardant le caractère d'acte à titre onéreux, produit certains effets des donations *par ex* : 1° le veuf ou la veuve ne pourront disposer en faveur de leur nouveau conjoint que dans les limites de l'article 1098, s'il y a des enfants d'un premier lit ; 2° à l'égard de l'époux qui a donné lieu au divorce ou à la séparation de corps, il perdra le bénéfice du préciput. »

Malgré le défaut de clarté des dispositions de notre Code civil, je crois bien que l'esprit de l'art. 1516 est favorable à notre opinion, à savoir que le préciput est un acte à titre onéreux. S'il fait illusion à première lecture, c'est que l'esprit du lecteur tire naturellement argument de la première partie du texte qui dit : « Le préciput n'est pas un avantage sujet aux formalités des donations ; » donc, dit-on, c'est un avantage au fond et partant une libéralité.

Mauvais argument, qui se prévaut du silence de la loi pour lui faire dire le contraire de ce qu'elle dit : En effet, l'article 1516 ajoute que le préciput est une convention de mariage, ce qui, dans la théorie du Code, veut dire une convention à titre onéreux, comme le contrat dont elle est une partie intégrante.

L'interprétation que nous donnons de l'article 1516 est confirmée par la tradition. Un texte de Pothier (1)

(1) Communauté, n° 442.

déjà cité nous le prouve suffisamment, car il nous dit que « le préciput est regardé plutôt comme une convention de mariage, que comme une donation. » Lebrun, avant lui, n'est pas moins explicite, lorsqu'il nous dit (1) : « Il est hors de doute que le préciput ne soit sujet à la loi *hac edictali*. Mais il ne s'ensuit pas que le préciput soit sujet à toutes les autres règles que le droit a établies pour les gains nuptiaux. Par exemple, il appartient tout entier à la veuve, et ses enfants ne le peuvent trouver que dans sa succession. » — Par ces derniers mots, Lebrun nous laisse assez entendre que les enfants ne peuvent prétendre à aucune partie de ce préciput, à titre d'héritiers à réserve de leur père défunt et que par conséquent, à ses yeux, le préciput n'est pas sujet à la réduction jusqu'à la portion disponible, comme les donations ordinaires.

Cette opinion de nos anciens auteurs, est encore l'opinion dominante chez la plupart de nos commentateurs modernes (2).

La jurisprudence elle-même est dans ce sens; un arrêt de la Cour de cassation nous dit que le préciput n'est pas plus une donation qu'il n'est une vente (3).

Le législateur aurait pu du reste considérer le pré-

---

(1) Lebrun, *Communauté*, chap. II, sect. I, dist. 4, n° 8.

(2) Bellot des Minières, *Du contrat de Mariage*, t. III. p. 267; Duranton. t. XV, n° 190 ; Battur, t. II, n° 470 ; Zachariæ, t. III, p. 548 ; Aubry et Rau, 4e édit., t. V, p. 4 8 ; Odier, t. II, 872.

(3) Cass. (D., 56, 1, 207), 7 avril 1856.

ciput comme une libéralité. Mais alors pour être logique avec lui-même, il aurait reconnu le même caractère à la clause par laquelle toute la communauté est attribuée au survivant. Cette clause semble, en effet, renfermer une disposition à titre gratuit, puisqu'un époux prive ses héritiers, en faveur de son conjoint, de tous les biens de la communauté, pour le jour où elle sera dissoute. — Et cependant l'article 1525 nous dit sans équivoque : Article 1525, 2°, « Cette stipulation (de la totalité de la communauté attribuée au survivant), n'est pas réputée un avantage sujet aux règles relatives aux donations, soit quand au fond, soit quant à la forme, mais simplement une convention de mariage et entre associés. »

Pour terminer sur cette question de la nature du préciput sur biens communs, nous essaierons d'expliquer les dispositions du Code civil qui servent d'argument à nos adversaires, partisans de l'opinion qui voit une libéralité dans le préciput conventionnel.

Nous avons, par là, cité les articles 1496 et 1527 d'une part, et l'article 1518, d'autre part.

Les articles 1496 et 1527 émettent le principe suivant : « Quand il y a des enfants d'un premier lit, toute convention qui tend à donner à un conjoint au-delà de la quotité disponible de l'article 1098, doit être réduite à cette quotité en faveur de ces enfants. » — Ainsi, dans la théorie du Code civil, les avantages que les conventions matrimoniales procurent à l'un des époux ne sont pas considérés comme des libéralités. (Arg. des art. 1496 et 1527, 1°, 2°.) Ce sont des conventions onéreuses, sauf quand il y a des enfants d'un premier lit : ceux-ci peuvent demander la réduction des avantages que le contrat de mariage procure au conjoint de leur père ou de leur mère. Cela prouve qu'en réalité il y a un avantage à titre gratuit. Si la loi ne considère pas cet avantage comme une libéralité à l'égard des héritiers en général, c'est par faveur pour le mariage et les conventions matrimoniales. Elle veut, en outre, protéger les enfants du premier lit contre leur père ou leur mère qui, oubliant leurs devoirs, pourraient se laisser entrainer, par leur folle passion, à des libéralités excessives.

Seuls, les enfants d'une précédente union auront le droit de faire réduire les clauses préciputaires, et ce droit sera, en principe, refusé aux enfants nés du mariage. Ceux-ci, en effet, s'ils sont lésés par une clause préciputaire stipulée au profit du nouvel époux, ont l'espoir de recueillir dans la succession de ce conjoint ce qu'ils ne trouveront pas dans celle de l'autre (1). Les enfants d'un premier mariage n'ont pas cet espoir, car il est rare qu'ils soient appelés à recueillir la succession de leur parâtre ou marâtre.

Toutefois, si l'action en réduction autorisée par l'article 1098 ne peut s'ouvrir que dans la personne des enfants du premier lit, ils n'en auront pas toujours le bénéfice exclusif : ils seront, en effet, tenus de partager avec les enfants issus du nouveau mariage, avec leurs frères utérins et consanguins.

Si on accorde à ces derniers de profiter de l'action

(1) Rodière et Pont, 1614, 1531.

en réduction, pourquoi ne leur donnerait-on pas le moyen de l'exercer? Nous serions assez portés à croire qu'ils pourront poursuivre une action déjà intentée par les enfants du premier lit, qui se refusent ou renoncent aux poursuites.

La seconde restriction que nous devons apporter au principe qui admet le caractère à titre onéreux du préciput, résulte de l'article 1518. « L'époux qui a obtenu soit le divorce, soit la séparation de corps, conserve ses droits au préciput en cas de survie. » On en conclut que l'époux contre lequel le divorce ou la séparation de corps sont prononcés, perd son droit au préciput. Quoique cette interprétation soit fondée sur un argument *a contrario*, il est bien difficile de ne pas l'admettre, car la disposition de l'article 1518 n'aurait plus de sens, si l'époux coupable conservait son droit au préciput. Mais pourquoi donc l'époux innocent conserverait-il son droit au préciput tandis que l'époux coupable le perd? C'est une peine que la loi inflige à l'époux qui, par ses fautes, a donné lieu au divorce ou à la séparation de corps. Le législateur a supposé qu'il était juste de dépouiller de tous les avantages matrimoniaux, sans exception, l'époux qui s'était montré indigne de l'union par lui contractée.

Pourrait-on voir dans l'article 1518 une application de l'article 299 qui enlève à l'époux coupable tous les avantages résultant pour lui du contrat de mariage? Assurément non. D'après nous, l'article 1518 a été édicté spécialement pour le préciput; si cette dernière convention était une simple donation, pourquoi le législateur aurait-il écrit l'article 1518? L'article 299 suffisait bien. Mais le législateur est parti de cette idée que le préciput, tout en constituant un avantage, n'est pas une donation. Aussi, a-t-il bien fait de s'expliquer en nous donnant l'article 1518. — Pour nous, les dispositions de cet article sont le pen˙dant des articles 1496 et 1527. Tandis que l'un condamne et punit le conjoint indigne, en le proclamant déchu du préciput, les autres protègent les enfants d'un premier lit, qui, s'ils n'avaient pu obtenir la réduction des avantages préciputaires, se seraient peut-être vus privés de leur réserve et réduits à la misère.

Ainsi se trouvent justifiées ces deux restrictions des articles 1496, 1527 et 1518 à notre théorie sur le caractère à titre onéreux du préciput conventionnel. — Il nous reste à déterminer la nature du préciput stipulé au profit d'une femme, même au cas où elle renoncerait à la communauté. — Ce sera l'objet de notre deuxième partie.

SECTION II

Etendue du préciput.

§ Ier. — *Des choses qui peuvent faire l'objet du préciput.*

L'article 1515 nous parle de certains objets mobiliers, ou d'une somme déterminée, qui peuvent être prélevés avant tout partage par l'époux préciputaire. Les dispositions de cet article sont purement énonciatives, car rien n'empêche les époux de composer leur préciput comme ils l'entendent.

Le préciput peut, en effet, porter sur des meubles ou sur des immeubles ou à la fois sur des meubles et des immeubles. — De même, il peut être stipulé en propriété ou en usufruit, ou bien en propriété pour les meubles, en usufruit pour les immeubles et réciproquement.

Le préciput peut comprendre des objets de nature diverse à prélever cumulativement ou sous une alternative sur la masse commune. Il peut, de plus, porter sur une quote-part de la communauté, un quart ou un huitième, etc.

Le préciput peut encore être stipulé en argent ou en effets mobiliers.

Quand il consiste en argent, la quotité doit en être fixée : cela résulte de l'expression *une certaine somme* employée dans l'article 1515 du Code civil.

Quand il est constitué en effets mobiliers, par exemple en argenterie, linge, meubles meublants, il peut être limité ou illimité.

Il est limité quand le contrat de mariage porte que l'époux survivant prendra des effets mobiliers jusqu'à concurrence de telle somme. Dans ce cas, la valeur des effets mobiliers est fixée par la prisée faite dans un inventaire, et l'époux n'en peut prendre au-delà de la somme déterminée (1). Ainsi l'époux survivant

---

(1) Pothier, *Communauté*, n° 441 ; Toullier, XIII, 406 ; Bellot des Minières, p. 264.

prendra du blé jusqu'à concurrence de mille francs. Voilà une clause de préciput limité.

Le préciput est illimité quand il résulte de la convention que l'époux survivant aura par préciput telle espèce de meubles, par exemple, le linge, l'argenterie, etc.; dans ce cas, le préciput s'étend à tout ce qui, lors de la dissolution de la communauté, se trouve de meubles, du genre ou de l'espèce désignés dans le contrat, en quelque nombre et à quelque prix qu'ils puissent s'élever.

La loi permet aussi un préciput composé d'une somme d'argent et d'objets déterminés. Ainsi, un homme de lettres peut prélever avant tout partage sa bibliothèque, ses livres et une somme de 10,000 fr. — Au lieu de cumuler dans le préciput des objets mobiliers et une somme déterminée, l'époux survivant a le choix entre ses linges et hardes à son usage personnel par exemple, ou une somme d'argent : par exception au principe posé dans l'article 1190 du Code civil qui, dans le cas d'une obligation alternative, donne le choix au débiteur, le choix appartient ici au créancier, c'est-à-dire à l'époux qui doit recueillir le préciput.

Il n'est pas nécessaire que les deux termes de l'alternative soient rigoureusement égaux : la valeur des objets peut être inférieure ou de beaucoup supérieure à la somme que le survivant peut choisir. Peu importe la disproportion qui existe entre ces deux valeurs.

Cette interprétation des conventions matrimoniales est contraire à l'opinion de Pothier qui exige une certaine équivalence entre les objets du préciput et la somme indiquée (1).

Puisque les parties sont libres dans leurs conventions, pourquoi leur refuser le droit de convenir d'un préciput à leur gré?

Pothier est resté seul de son avis; aucun de nos commentateurs modernes n'a adopté sa solution. Le grand jurisconsulte a été plus heureux lorsqu'il a demandé la réduction du préciput pour le cas où il serait excessif, eu égard « à l'état et aux facultés des parties ».

Avant d'examiner cette question de la réductibilité du préciput, nous devons donner l'interprétation de certaines clauses préciputaires en usage.

Comme toutes les conventions dérogeant au droit commun en matière de communauté, la clause de préciput doit être strictement renfermée dans son objet précis (2). Ainsi, quand le préciput comprend des objets désignés, il ne s'étend pas au delà; si, au contraire, il comprend des objets d'une certaine espèce, tous les objets de cette espèce sont soumis au préciput.

(1) Pothier, Communauté, 442.
(2) Chambéry, 1er mai 1874. Cass., req. (3 février 1875, D., 75, 1, 486).

A cet égard, il nous paraît utile d'examiner certaines clauses que nous trouvons dans beaucoup de contrats de mariage. Ce ne sont pas des clauses nouvelles, puisqu'elles sont rapportées dans Pothier, mais elles méritent de nous arrêter un instant, car leur interprétation est quelquefois bien douteuse.

C'est une convention très usitée que celle qui autorise un des futurs époux à prélever, au cas de survie, ses habits et linges à son usage; ses livres ou objets d'art, si c'est un homme; ses bagues et joyaux, si c'est une femme.

Si l'on n'avait parlé que des habits dans la clause préciputaire, les bagues et autres bijoux n'y seraient pas compris. A l'inverse, si la clause ne renfermait que ces derniers termes, la femme n'aurait pas le droit de prélever ses vêtements.

Par le mot habits, on entend tout ce qui sert à couvrir le corps, et, d'après cela, certains auteurs (1) soutiennent que ce terme seul comprend non seulement les linges et hardes, mais encore les dentelles. — Selon nous, l'expression habits a une signification plus étendue que celui de robes. Il répond au mot latin *vestis* et doit s'appliquer comme lui à tout ce qui sert à vêtir le corps. Il ne comprend pas les dentelles, qui sont plutôt des parures que des habits. On ne doit pas les comprendre sous ce mot, ni même sous celui de linges, car les dentelles ne sont pas du linge. On doit d'autant moins donner cette extension à ces

(1) *Journal des Notaires et Avocats*, art. 2713.

mots que les dentelles ont souvent une valeur considérable.

Le terme « joyaux » ou bijoux qui répond au mot latin *ornamenta*, comprend ce qui sert à orner ou à parer une femme plutôt qu'à la couvrir. « *Ornamenta muliebria sunt quibus mulier ornatur veluti inaures, armillæ viriollæ, annulli præter signatorios et omnia quæ ad aliàm rem nullam parantur, ni corporis ornandi causá* (1). » Ulpien nous dit ce q   omprend le mot *ornamenta* ou bijoux : Ce sont les pendants d'oreilles, les bracelets, les bagues, les anneaux, les colliers, les aiguilles et les parures de la tête. Ce sont même la montre, l'éventail, un étui, la tabatière et les petits objets que la femme porte habituellement avec elle.

Il ne faudrait pas trop étendre la signification de ce mot joyaux ou bijoux. Ainsi, ne sont pas compris dans ces expressions, les objets de toilette de la femme que les jurisconsultes Romains appelaient le « *mundus muliebris* ». Ulpien lui-même nous en donne la raison dans la loi précitée. « *Ornamenta sunt quibus mulier ornatur : mundus muliebris est quo mulier mundior fit.* » Ce sont les miroirs, les boîtes de toilettes, les parfums et tout ce qui les contient, choses que le mari a acheté le plus souvent pour la femme, « *quæ ejus causá parata sunt* ».

Il peut encore arriver que le contrat de mariage

---

(1) Dig., 25, § 10. *De auro, argento, mundo, ornamentis, unguentis, veste vel vestimentis et statuis legatis,* XXXIV, 2, Ulpien.

donne à la femme le droit de reprendre les vêtements apportés en mariage; il résulte de cette clause qu'elle ne peut prélever ceux qu'elle aurait acquis pendant la communauté. Cependant, il faudrait entendre la convention en ce sens que l'épouse pourrait prendre dans sa garde-robe une certaine quantité de vêtements jusqu'à concurrence de ceux qu'elle avait au début de son union. Il ne faut pas, nous dit Duranton, donner à la clause une signification dérisoire, « en supposant qu'elle n'accorde à la femme que des objets usés ou défraîchis (1) ».

Il en est de même, si la femme s'est réservé la faculté de prélever les bijoux qu'elle a apportés en mariage. Elle n'a pas le droit de prélever ceux qui ont été achetés pendant le mariage, si ce n'est jusqu'à concurrence de ceux qu'elle avait apportés et qui auraient été vendus ou échangés (2).

De ces divers exemples dont quelques-uns nous sont donnés par Pothier (3), on peut tirer cette conclusion, qu'en pratique, on doit donner une désignation suffisante aux objets à comprendre dans le préciput : car, en ceci, comme en toutes choses, Toullier en a fait la juste remarque, *verba valent quantum sonant* (4).

Aussi, pour éviter toute contestation, les notaires

---

(1) Duranton, XV, n° 183.

(2) Odier, II, 871 ; Zachariæ, § 529, note 6; Aubry et Rau, § 529, texte et note 7; Guilhouard, III, 1615.

(3) Pothier, Communauté, n° 440.

(4) Toullier, XIII, n° 408.

pourront, par une clause générale, stipuler que la future épouse — ou le futur époux — prélèvera par préciput, tout ce qui servira à son usage personnel.

Avant de terminer sur l'interprétation des clauses préciputaires, il est utile de faire l'observation suivante.

La clause qui réserve à un des époux ses habits ou ses bijoux, peut être une clause principale en ce sens que seule, elle donne droit à un préciput. Mais elle peut aussi se trouver à côté d'une autre convention préciputaire portant sur une somme d'argent ou autres objets mobiliers de la communauté.

Nous avons vu que le préciput pouvait être illimité et comprendre tous les objets d'une certaine nature ou une quote part. Dans ce cas, le préciput s'étend-il à tous les objets de l'espèce stipulée, par le contrat de mariage, quelle que soit leur valeur, alors même que le préciput a pris un développement que n'ont pas prévu les parties au moment du contrat?

Le développement des choses comprises dans la clause préciputaire peut provenir de circonstances normales, indépendantes de la volonté des parties : par exemple, une succession mobilière faisant entrer dans la communauté des meubles d'un très grand prix et de l'espèce indiquée dans le préciput.

Il peut aussi résulter d'une fraude de l'époux préciputaire qui, dans le but de grossir son avantage, achèterait, durant la communauté, une grande quantité d'objets compris dans la clause précipulaire.

Telles sont les deux hypothèses que Pothier et quelques jurisconsultes modernes assimilent, en autorisant la réduction du gain préciputaire dans les deux cas.

Examinons-les successivement :

1° Et d'abord le préciput s'étend-il à tous les objets de l'espèce stipulée dans le contrat, normalement tombés en communaute, grâce à une succession mobilière par exemple ?

Quelques auteurs (2), Pothier en tête, prétendent que le préciput est succeptible de réduction *arbitrio judicis*, et appuient leur opinion sur l'intention probable des parties.

Les époux en effet, disent-ils, ont voulu convenir d'un préciput en rapport avec « leur état et leurs facultés ».

On pouvait peut-être suivre cette opinion dans les coutumes qui indépendamment de la convention donnaient aux femmes certains avantages sur les meubles. L'article 436 de la coutume de Bretagne, accordait à la femme « son lit et son coffre, deux robes et accoutrements fournis à son usage, qu'elle voudra choisir, et partie de joyaux et bagues, selon « l'état et la maison du mari ».

---

(1) Pothier, *Communauté*, n° 451 ; Bellot des Minières, III, p. 235 ; Z..Luio, III, § 529 ; Battur, II, n° 467 ; Aubry et Rau, § 529, texte et note 8.

Mais, avec notre nouvelle législation, nous pensons que la réduction du préciput conventionnel ne peut être demandée et obtenue du juge. Accorder aux tribunaux de s'immiscer dans des conventions de ce genre, serait rétablir l'arbitraire que nos lois modernes tendent à supprimer.

De plus, même en permettant aux juges des investigations dans la situation des époux, nous croyons qu'ils doivent refuser la réduction du préciput aux héritiers qui la demandent. Quand la loi, en effet, commande d'un côté le respect des conventions matrimoniales dont la rédaction est limitée par l'ordre public et les bonnes mœurs seuls, quand par ailleurs, elle permet aux époux de convenir que la communauté entière appartiendra au survivant, nous ne voyons pas sous quel prétexte un juge pourrait réduire un avantage qui ne va pas jusqu'à la dernière limite que les époux auraient pu atteindre. — Comment, du reste, admettre que les époux, en contractant, s'en sont rapportés à l'appréciation du juge pour fixer leur préciput ?

Nous pouvons donc conclure avec la grande majorité des auteurs (1), que le préciput comprend tous les objets de l'espèce mentionnée au contrat, s'il a augmenté par suite de circonstances régulières ou

(1) Toullier, XIII, n° 407; Odier, II, n° 871; Troplong, n° 2112; Marcadé, art. 1515; Rodière et Pont, III, 1549; Guillouard, III, 1016; Dalloz, n° 2914; MM. Mérignhac, *Traité de la Communauté*, II, n° 3086.

inespérées. Par conséquent, on ne peut l'étendre à
des objets que les époux ont volontairement acquis
dans le but de le grossir. C'est là notre seconde
hypothèse.

2° Empruntons l'exemple à Pothier (1). « Si un gen-
tilhomme de campagne qui, depuis un très longtemps
qu'il est marié, n'avait jamais eu d'autres chevaux
que ceux qui servaient au labour de ses terres, avait
pendant la dernière maladie de sa femme, acheté un
attelage de six chevaux de carrosse de grand prix,
il serait évident qu'il n'a fait cette emplète que dans
la vue de grossir le préciput illimité de ses armes et
chevaux, et les héritiers du prédécédé seraient bien
fondés à l'empêcher de les y comprendre. »

Tous les auteurs sont d'accord avec Pothier pour
admettre dans ce cas la réduction *arbitrio judicis*.

Il en est de même, si un mari bénéficiaire d'un préciput portant sur tous les immeubles acquis en communauté, emploie tous les fonds communs à l'acquisi-
tion d'immeubles. Les parties, lors de leur contrat
de mariage, n'ont pas eu pour but cette transforma-
tion des fonds communs en immeubles destinés à profiter au mari survivant. On voit bien que ce dernier
a agi frauduleusement pour s'assurer des avantages
plus considérables. Or, il y a en droit un principe qui
dit que la fraude vicie toute convention. *Fraus omnia
corrumpit.*

Que décider, si, au lieu de faire des acquisitions en

_____

(1) Pothier, n° 441.

vue de grossir le préciput, un mari vend des objets
compris dans le préciput de son conjoint, en vue de
diminuer l'avantage de ce dernier ? — Il y a dans ce
cas une fraude manifeste et nous déciderions volon-
tiers que les héritiers du mari prédécédé sont obligés
de payer à la femme une indemnité égale à la valeur
des objets disparus.

§ II. — *Au profit de qui le préciput peut-il être stipulé ?*

Le préciput conventionnel est ordinairement stipulé
au profit du survivant des époux. Néanmoins, il peut
être stipulé au profit de l'un d'eux seulement. Bien
mieux, il peut être convenu indépendamment de toute
idée de survie de l'époux bénéficiaire à son conjoint,
et pour tout partage à faire de la communauté, pour
quelque cause que la communauté se soit dissoute.
Mais pourrait-on stipuler, qu'au cas de mort de l'un
des époux, ses héritiers prélèveront une somme, par
forme de préciput, sur les biens de la communauté ?
Je le crois sans peine, car il y a, en droit, une règle
générale qui permet de stipuler pour soi et ses héritiers.

D'après les termes de l'article 1515 (la clause par
laquelle « l'époux survivant » est autorisé à prélever), un époux n'est pas censé faire de pareilles stipulations. Mais rien dans les dispositions de cet article n'empêche de revenir à la règle, au principe.

Il est permis de stipuler des parts inégales dans la

communauté et d'étendre la clause aux héritiers : on peut stipuler qu'un seul des époux, en certains cas, aura toute la communauté. La clause qui étendrait, aux héritiers d'un des époux, la faculté de prélever le préciput doit être valable, par la même raison : elle n'a rien de contraire à la loi : au contraire, l'article 1497 nous prévient que le législateur ne s'est occupé que des principaux cas qui modifient la communauté et qu'il est d'autres modifications qu'on peut lui faire subir.

Mais si l'on peut étendre la clause de préciput à tous ses héritiers, pourrait-on aussi bien la limiter au profit d'un seul. On dira, dans ce cas, que c'est une donation, une libéralité soumises à une condition suspensive et permises par les articles 1168 et 1121. Les époux peuvent, en effet, disposer de leurs biens, et subordonner leurs conventions à leur décès.

Je ne crois pas qu'une pareille clause puisse être valablement faite. La communauté, en effet, est une sorte de société entre le mari et la femme; eux seuls ou leurs continuateurs peuvent y avoir des droits. Réserver à un seul héritier tout l'avantage résultant du préciput, ne me parait pas plus juste que de le destiner à un étranger. Quels sont, en effet, les titres spéciaux de cet héritier à une libéralité comme le préciput? Et parce que la loi accorde, ou plutôt ne prohibe pas de le stipuler au profit des héritiers d'un époux, peut-on en tirer cette conséquence, qu'elle n'empêche pas une disposition semblable au profit d'un seul héritier? Assurément non,

Ce n'est pas à dire, pourtant, que la stipulation

soit toujours sans aucun effet. Si elle est faite au profit de tel héritier présomptif du mari ou de la femme
et que le premier recueille, seul, la succession de l'auteur de la stipulation, celle-ci sera exécutée ; s'il ne
se trouvait pas héritier à l'ouverture du droit, il ne
pourrait prétendre au prélèvement, parce qu'on sti-
pulait pour lui en tant qu'il serait héritier. Si, à cette
époque, il n'était pas seul héritier, une difficulté d'un
autre genre pourrait se présenter. Les autres héritiers prétendront peut-être participer au prélèvement et l'héritier devra subir leur concours.

Nous avons dit que le préciput est ordinairement
stipulé au profit du survivant des époux, mais on
peut également stipuler le préciput au profit de l'un
d'eux, en prenant soin d'exprimer si c'est « à la condition de survie ou non », car, dans le silence des
parties, il n'est dû qu'en cas de survie.

On peut même convenir que le préciput n'aura lieu
qu'en cas de survenance d'enfants, ou qu'il sera réduit à une somme fixée, en cas de survenance d'enfants. Dans ces cas, les enfants devront exister au
moment de l'ouverture du préciput.

Les stipulations nombreuses et variées qu'on peut
faire au sujet du préciput, nous prouvent que la volonté des parties est la règle en cette matière et
qu'elle n'est limitée que par l'ordre public et les bonnes mœurs.

CHAPITRE II

OUVERTURE DU PRÉCIPUT CONVENTIONNEL.

I

Le droit au préciput ne s'ouvre de droit commun que par la mort de l'un des époux. L'article 1517 nous dit en effet : « La mort naturelle ou civile donne ouverture au préciput. » La loi du 31 mai 1854 a aboli la mort civile, d'où il résulte que le préciput ne s'ouvre légalement que par la mort naturelle. Il faut donc lire l'article 1517 de la façon suivante : la mort naturelle donne ouverture au préciput, sauf clause et stipulation contraire.

A cet égard, nous devons examiner la question suivante. Les deux conjoints sont morts dans un même accident, un naufrage, un incendie, faut-il appliquer les présomptions des articles 720, 721 et 722 du Code civil.

Certains auteurs, entr'autres Toullier (1), nous affir-

(1) Toullier, IV, n° 78; Duranton, XV, n° 197.

ment que la théorie des *commorientes* ne peut être écartée de notre hypothèse. Les présomptions des articles 720 et suivants, disent ils, sont applicables à toutes les situations et n'ont pas été créées pour telle hypothèse spéciale de dévolution de succession.

D'autres auteurs (1) soutiennent, au contraire, que les articles précités sont étrangers au cas qui nous occupe. Si les conjoints sont morts dans le même événement, sans qu'on puisse connaitre celui qui est prédécédé, il n'y a pas lieu au préciput dans le partage qui interviendra entre les héritiers de l'un des conjoints et ceux de l'autre ; ni les uns, ni les autres, ne peuvent, en effet, justifier que c'est celui des conjoints auquel ils ont succédé qui a survécu et au profit de qui existe le préciput; par conséquent, ni les uns, ni les autres ne peuvent demander le préciput, puisqu'ils ne sont pas en état de fonder la demande qu'ils en feraient.

On n'applique donc pas au préciput les articles 720 et suivants. Leurs dispositions réglant l'ordre des successions, ne sauraient être étendues à de simples avantages subordonnés à la survie d'un époux.

Quand le droit au préciput est ouvert par la mort de l'un des époux, la liquidation de la communauté

---

(1) Troplong, n° 2127; Olier II, 876; Rodière et Pont. III, 1549; Aubry et Rau, § 529, p. 500, Guilhouard. III, 1618; Colmet de Santerre, VI, art. 1517.

ne peut offrir de sérieuses difficultés. Le préciput est d'abord prélevé et les biens communs qui restent partagés par moitié. La situation se complique, quand la communauté est dissoute durant le mariage, par le divorce, la séparation de corps ou de biens. Dans ces cas, la liquidation de la communauté s'impose. Quel est le sort du préciput dont le droit ne s'ouvre que par la survie de l'époux bénéficiaire ?

Nous le rechercherons dans chacun des cas de dissolution de la communauté. Le plus simple est celui de la séparation de biens.

1° L'article 1452 nous dit : « La dissolution de la communauté opérée par la séparation de biens ne donne pas ouverture aux droits de survie de la femme, mais celle-ci conserve le droit de les exercer lors de la mort naturelle de son mari. » Cet article vise donc le préciput qui est un droit de survie; sa disposition s'applique, par analogie, au cas où il a été stipulé réciproque ou en faveur du mari. — Par conséquent, dès que la séparation de biens est prononcée, la communauté est partagée comme si aucun préciput n'existait. Le mari contre qui le jugement est rendu n'encourt pas la déchéance du préciput comme l'époux qui a succombé dans l'instance en divorce ou en séparation de corps (art. 1518).

Il conserve son droit, s'il survit à sa femme, car la cause qui amène la dissolution de la communauté n'est pas identique dans le divorce ou la séparation de corps, et la séparation de biens. En matière de séparation de biens, le mari peut ne pas avoir manqué à ses devoirs envers sa femme : il peut avoir eu pour elle tous les soins, les procédés, la tendresse dont le mariage lui fait une obligation, tandis qu'en matière de divorce et de séparation de corps, il y a preuve du contraire (1).

Chaque époux conserve donc, dans notre hypothèse, son droit au préciput : la communauté est liquidée provisoirement, et le règlement définitif est retardé jusqu'à la mort de l'un des époux. Alors seulement le préciput est délivré au survivant : les héritiers de l'époux prédécédé lui rendent la moitié du gain préciputaire que leur auteur avait touchée par suite du partage de la communauté.

Si la séparation de biens cesse par le rétablissement de la communauté, conformément à l'article 1451, qu'arrive-t-il ? Les choses sont remises dans le même état que s'il n'y avait pas eu de séparation. La femme rapporte à la communauté tout ce qu'elle en a retiré, et ainsi le préciput se retrouve complet entre les mains du mari, en attendant une nouvelle dissolution de communauté par la mort ou tout autre événement.

Si c'est la mort qui met fin à la communauté, le préciput est délivré à l'époux préciputaire survivant. Si c'est un autre événement, comme le divorce, la séparation de corps ou une seconde séparation de biens, il y a lieu à une nouvelle liquidation provisoire

---

(1) Bellot des Minières, III, p. 272 ; Aubry et Rau, §520, texte et note 13 ; Colmet de Santerre, VI, n° 185 bis V ; Guillouard, n° 1621.

de la communauté, en attendant que la condition de
survie de l'époux bénificiaire se réalise.

Si le mari tombe en faillite ou en déconfiture, qu'ad-
vient-il à l'égard du préciput (1446, 2°). Nous croyons
que la séparation de biens, en cas de faillite ou de
déconfiture, n'est réputée prononcée et par suite la
communauté réputée dissoute, qu'à l'égard des créanciers de la femme, ce qui leur permet d'exercer les
droits de cette dernière sur la communauté, jusqu'à
concurrence de leurs créances.

Mais dans les rapports des époux entre eux,
la communauté subsiste tant qu'elle n'a pas été
dissoute par la mort, le divorce, la séparation de
corps et de biens. Par conséquent dans cette hypothèse, il n'y a pas lieu de rétablir la communauté
qui a été fictivement dissoute en faveur des créanciers. L'époux préciputaire n'aura pas à souffrir de
la liquidation provisoire faite par ces derniers : il re-
cueillera le préciput, s'il survit, et s'il reste encore
des biens dans la communauté. Il est possible, en
effet, qu'ils aient été absorbés par les créanciers à
qui l'article 1446, 2°, permet d'exercer le droit de leur
débitrice, jusqu'à concurrence du montant de leurs
créances. Si les créances sont égales à l'actif commun, la communauté n'existe plus, et avec elle dis-
parait le préciput. Mais celui-ci peut renaitre ainsi
que la communauté, lorsqu'après la faillite ou la déconfiture du mari, les époux acquièrent de nouveaux
biens, font des économies destinées à entrer en communauté. Dans ce cas, l'époux préciputaire peut

exercer son droit sur ces objets et ainsi la faillite ou la déconfiture sont sans influence sur le préciput.

2° Au cas de divorce ou de séparation de corps, il n'en est plus de même. La situation se complique, car l'époux qui a droit au préciput peut avoir perdu ce droit, et peut le voir renaître par suite d'une réconciliation ou d'un second mariage

Pour résoudre les difficultés que soulève notre hypothèse, nous nous poserons diverses questions auxquelles nous répondrons successivement. Le préciput au cas de divorce ou de séparation de corps, est-il maintenu ou perdu ? S'il est maintenu, comment va se faire le partage provisoire à suite de divorce ou de séparation de corps ? Que va devenir le préciput jusqu'à la mort de l'époux débiteur du préciput ? Quelles garanties doit donner l'époux qui conserve le préciput jusqu'à la réalisation de la condition de survie ?

Le préciput au cas de divorce ou de séparation de corps est-il maintenu ou perdu pour l'époux préciputaire ?

Plusieurs auteurs (1), se fondant sur un arrêt de la Cour de cassation, rendu, chambres réunies, le 23 mai 1845 (2), ont invoqué l'article 299 pour répondre

(1) Marcadé, sur l'art. 1518; Rodière et Pont, n° 1554.
(2) Cassation, 23 mai 1845 (D., 45, 1, 225).

à notre question. Aux termes de cet article, l'époux contre lequel le divorce est prononcé, perd tous les avantages que le conjoint lui a faits, soit par le contrat de mariage, soit depuis le mariage. Conformément à ce principe, l'article 1518 n'accorde de droit au préciput qu'à l'époux qui a obtenu le divorce : seulement, il étend ce droit à l'époux qui a obtenu la séparation de corps.

L'argument tiré de l'article 299 est inutile dans la question du préciput. L'article 299 prononce en effet la déchéance des donations faites au conjoint, mais il reste étranger à la question de la déchéance du préciput à laquelle s'applique l'article 1518. A lui seul, ce texte suffit pour nous démontrer que le divorce et la séparation de corps font perdre le préciput à celui contre qui ils ont été prononcés. Puisque d'après l'article 1518, l'époux qui a obtenu le divorce ou la séparation de corps, conserve ses droits au préciput, au cas de survie, il s'ensuit, par argument *a contrario* que l'épouse qui succombe dans l'instance en divorce ou en séparation de corps, ne conserve pas ses droits au préciput. A cet égard, les rédacteurs du Code civil ont fait concorder les effets du divorce avec les effets de la séparation de corps.

La séparation de corps étant le divorce des catholiques, ils n'ont pas voulu créer pour ces derniers, un droit spécial.

Du reste, en plaçant sur la même ligne le divorce et la séparation de corps, ils n'ont fait que se mettre d'accord avec des règles de justice et d'équité naturelles. L'époux divorcé n'est pas plus digne d'intérêt que l'époux séparé de corps; il est également coupable, que le divorce ou la séparation de corps le frappent.

Nous admettons donc, que l'époux coupable contre qui la séparation de corps ou le divorce sont prononcés, perd son droit au préciput, et que l'époux innocent le conserve (art. 1518).

Comment, et à quelle époque, ce dernier obtiendra-t-il la délivrance? On peut se poser la question différemment et dire : Comment va se faire le partage occasionné par le divorce ou la séparation de corps? Qui va conserver le préciput jusqu'à la réalisation de la condition qui doit lui donner naissance?

A cet égard, l'article 1518, *in fine,* contient une disposition dont le sens n'apparaît pas clairement d'abord. Après avoir dit que l'époux qui a obtenu la séparation de corps ou le divorce, conserve ses droits au préciput, au cas de survie, il continue en ces termes : « Si c'est la femme (qui a obtenu la séparation de corps ou le divorce), la somme ou la chose qui constitue le préciput, reste toujours provisoirement au mari. »

Il est impossible d'entendre cet article avec le sens général que comportent ses termes.

En principe, on peut induire de l'article 1518 une règle générale qui paraît être dans l'esprit du législateur du Code civil. Il n'y a pas lieu, nous dit en effet cet article, à la délivrance actuelle du préciput, mais par cette restriction, il ne prohibe pas la liquidation provisoire de la communauté. On fait donc un partage provisoire, comme si aucun préciput n'a été stipulé, sauf règlement ultérieur des droits de l'époux préciputaire, si la condition de survie se réalise.

Cette règle du partage provisoire, en faisant abstraction du préciput, se trouve dans Pothier qui nous dit : « Quand la dissolution de communauté est arrivée du vivant des deux époux, *putà* par une séparation, le partage se fait sans préciput auquel il n'y a pas encore ouverture ; mais il se fait à la charge que lorsqu'il y aura ouverture par le prédécès de l'un d'eux, la succession du prédécédé fera raison de ce préciput au survivant (1). »

Le législateur de 1804 a voulu certainement reproduire l'opinion de Pothier dont il s'inspira toujours dans notre matière.

La règle du partage provisoire étant posée, de deux choses l'une : ou la femme a renoncé à la communauté, ou elle l'a acceptée.

A) *La femme a renoncé à la communauté.*

Le plus souvent, la situation est bien simplifiée. En effet, la femme qui renonce à la communauté, perd son droit au préciput, et sa renonciation fait aussi évanouir celui qui a été stipulé au profit du mari, car il n'y a pas préciput là où il n'y a pas partage. La femme, en renonçant à la communauté, renonce à tout

---

(1) Pothier, Communauté, n° 415.

partage. Il n'y a donc pas à se préoccuper, dans ce cas, du préciput, pour régler les droits respectifs des époux.

. Mais il peut arriver qu'un préciput soit stipulé au profit de la femme, même dans le cas où elle renoncerait à la communauté. Nous renvoyons l'examen de cette stipulation à la seconde partie de notre étude.

B). *La femme a accepté la communauté.*

Il faut procéder au partage de la communauté, comme s'il n'existait pas de préciput, sauf règlement ultérieur des droits de l'époux au profit de qui le préciput vient à s'ouvrir par la mort du conjoint. — On peut en effet se demander de quel droit le mari retient la totalité du préciput ? La femme n'a-t-elle pas, comme son mari, la moitié des biens communs ?

Prenons un exemple : la femme a stipulé un préciput de 10,000 francs pour le cas où elle survivrait à son mari : nous supposons le divorce ou la séparation de corps prononcés contre le mari ; on liquide la communauté et l'actif à partager est de 40,000 francs. Le mari prend 20,000, et la femme a pareille somme de 20,000 francs : si le mari meurt le premier, ses héritiers paieront à sa veuve 5,000 francs, somme égale à la moitié du préciput. Le gain préciputaire, en effet, n'est payable que sur la masse partageable, et la femme en a déjà reçu la moitié, lors du partage de la communauté.

En fin de compte, dans notre exemple, la femme aura 25,000 francs, et les héritiers du mari 15,000.

Telle est la solution que nous acceptons, bien qu'elle paraisse contraire à l'article 1518 *in fine* qui nous dit : « La somme, ou ce qui constitue le préciput, reste toujours provisoirement au mari. » — Pour respecter ce texte, il faudrait, dans l'exemple que nous avons choisi, commencer par prélever sur la masse le montant du préciput, soit 10,000 francs que l'on attribuerait provisoirement au mari : on partagerait ensuite le reste, soit 30,000 francs par moitié, 15,000 à la femme, 15,000 au mari.

Ainsi, d'après ce système que semble consacrer l'expression « toujours » de l'article 1518, le mari retiendrait, en sus de sa part, le montant du préciput, 10,000, francs dont il aurait la jouissance, dont il toucherait les revenus.

Assurément, ce n'est pas à notre hypothèse que le Code civil a voulu faire allusion dans l'article 1518 *in fine*. Ses rédacteurs furent trop sages pour consacrer une pareille iniquité. Comment, si aucun préciput n'avait été stipulé au profit de la femme, celle-ci obtiendrait, dans le partage de la communauté, une somme de 20,000 fr. : parce qu'elle s'est fait attribuer un préciput au cas de survie, elle n'aurait droit provisoirement qu'à une somme de 15,000 francs ? L'équité la plus vulgaire proteste contre ce résultat : elle exige que la femme obtienne provisoirement dans le partage de la communauté, au moins ce qu'elle aurait, si elle n'avait pas stipulé de préciput. Or, dans l'hypothèse où il n'y aurait pas de préciput stipulé en faveur de la femme, cette dernière toucherait la moitié de la communauté, dans notre espèce 20,000 fr. Dans la liquidation provisoire, on ne peut donc pas lui donner moins que cette somme.

Le résultat contraire est injuste, et va contre la pensée de Pothier à laquelle les rédacteurs du Code ont évidemment voulu s'attacher : car, alors, il ne serait plus exact de dire que « le partage se fait sans aucun égard au préciput ».

Malgré ces raisons, on a pourtant soutenu le système opposé par lequel le mari devait provisoirement garder tout le préciput, jusqu'à *l'eventus conditionis,* c'est-à-dire la survie de la femme. L'article 1518, *in fine,* est un solide appui de cette solution, mais ce texte n'est pas assez précis pour fonder sur lui une argumentation sérieuse.

D'après nous, il est plus rationnel et plus juste de laisser au mari la moitié du préciput, lors du partage de la communauté. Si la femme prédécède, les comptes sont faits, car chacun des époux a eu la moitié de la communauté. Si elle survit, elle touche des héritiers du mari la moitié que ce dernier avait gardée.

Ce n'est pas tout d'émettre une idée en droit, il faut aussi la mettre d'accord avec la loi. L'opinion que nous venons d'exposer semble contraire au texte de l'article 1518.

Nous essaierons pourtant de concilier ce texte avec notre règle du partage égal de la communauté, sans

5

égard au préciput. C'est un point qui a divisé et divisera longtemps les commentateurs du Code civil.

L'article 1518, avec sa signification véritable, se réfère, dans son ensemble, aux deux hypothèses prévues par l'article 1515, l'une dans laquelle le préciput ne donne droit au prélèvement en faveur de la femme survivante que si elle accepte la communauté, l'autre dans laquelle il est permis à la femme de se réserver ce droit, même en renonçant. La première partie de l'article 1518 statue en vue d'une acceptation : c'est dans ce cas que, suivant la tradition ancienne, la séparation de corps donne lieu à un partage qui doit être fait entre les époux comme si le préciput n'avait pas été stipulé. — La deuxième partie prévoit la renonciation de la femme à la communauté : dans ce cas seulement, la somme ou la chose qui constitue le préciput reste toujours au mari, en attendant que l'avenir dise si le droit éventuellement conservé par la femme s'ouvrira réellement à son profit par le prédécès du mari.

Avant de terminer sur cette question de délivrance du préciput, examinons une difficulté qui existait dans notre ancien droit et qui subsiste encore de nos jours.

En quoi consiste la délivrance de ce préciput? S'il est d'une somme d'argent, le partage se fait, comme nous l'avons dit, sans en tenir compte.

Mais quand le préciput consiste en objets mobiliers, comme il ne doit pas être au pouvoir de l'un des époux de diminuer ou détruire un droit qui sera prélevé sur la communauté, à sa dissolution, il en résulte un véritable embarras. On peut, pour l'écarter, estimer les choses sujettes au préciput et attribuées aux conjoints. L'estimation a pour but de fixer la somme que la succession du prédécédé devra au sur-vivant, quand le préciput s'ouvrira par le prédécés de l'un des époux.

En attendant, ajoute Pothier, « chacun des époux prendra sur le pied de l'estimation, les choses sujet-tes au préciput, non en les prélevant par forme de préciput, mais en les précomptant sur sa part, à la charge que, lorsqu'il y aura ouverture au préciput par le prédécés de l'un des époux, la succession du prédécédé devra au survivant la moitié de l'estima-tion du préciput. »

Cette opération parait le seul moyen de lever la difficulté, sans blesser les droits de personne. — Aussi Merlin (1) nous dit-il que la doctrine de Pothier a été complètement reproduite par le Code civil. — C'est, sans doute, parce qu'il est impossible d'exécu-ter autrement la convention de préciput, que Merlin nous affirme que le législateur a suivi l'opinion de Po-thier. Le texte de l'article 1518, en effet, ne nous parle, ni du partage du préciput, ni de l'estimation des objets soumis au préciput.

Malgré le silence de la loi à cet égard, la majorité des auteurs adopte l'opinon de Pothier (2).

(1) Merlin, *Répertoire de jurisprudence*, v° *Préciput conven-tionnel*, § 1, n° 1.

(2) Pothier, Communauté, n° 445 ; Merlin, *supra* ; Zachariæ, § 520,

Nous avons vu que le préciput stipulé pour le cas de survie d'un des époux n'est pas prélevé sur la communauté, quand un divorce ou une séparation de corps l'ont dissoute. Le préciput se partage en même temps que les biens communs, de telle sorte que le mari en a la moitié et la femme l'autre moitié.

Quand l'un des époux meurt et que la communauté est dissoute, si l'époux préciputaire survit, il a droit contre les héritiers de l'autre époux à la restitution de la moitié du préciput. Jusqu'à ce jour, cette part est à la merci d'un des époux qui peut la laisser périr ou la faire disparaître.

La loi a-t-elle donné des garanties à l'époux bénéficiaire pour la restitution de ce préciput?

Supposons d'abord que la femme a droit au préciput. Si la femme accepte la communauté, peut-elle demander caution au mari pour la restitution de la moitié du préciput qui va se trouver confondue avec sa part dans la communauté?

La question est fortement controversée.

A notre avis, et suivant l'opinion de nos meilleurs jurisconsultes, la femme n'a pas le droit de demander caution dans cette circonstance. Ce système que nous soutenons prend son point de départ dans ce principe incontestable, que « le débiteur d'une dette, soit ac-

note 12; Dalloz, XIII, n° 2935 et suiv.; Marcadé, art. 1518, n° 11; Rodière et Pont, III, n° 1559.

tuelle, soit éventuelle, ne saurait être tenu de fournir caution, qu'autant qu'il s'y trouve astreint par une convention, par un jugement ou par une convention formelle de la loi. • Il résulte de ce principe que ce serait déroger au droit commun qu'étendre l'article 1518 *in fin*⁻, au cas où la femme accepte la communauté. D'ailleurs, quand la femme accepte la communauté, il n'y a pas les mêmes motifs pour lui donner le droit d'exiger une caution. Si elle accepte, c'est qu'elle a encore confiance en la solvabilité de son mari dont les affaires sont en bon état.

Nous devons donc refuser à la femme acceptant la communauté, le droit de demander au mari une caution pour garantir le payement du préciput (1). Les adversaires de notre opinion qui n'admettent pas les distinctions de l'article 1518, soutiennent que la femme peut obtenir du mari une caution pour la sûreté de la moitié de son préciput dans le cas où elle survivrait. La meilleure raison qu'ils nous donnent, est la suivante : c'est que, disent-ils, le législateur n'a pu omettre le cas qui se produit le plus souvent, c'est-à-dire l'acceptation de la femme. L'un d'eux, Zachariæ (2), va même beaucoup plus loin. « A défaut par le mari, dit-il, de fournir caution, la femme peut

---

(1) *Sic :* Rodière et Pont, III, 1560; Colmet de Santerre, sur l'art. 1518, nᵒ 185 *bis*, III; Guilhouard, nᵒ 1620; Aubry et Rau, § 520, texte et note 16; *Contra*, Zachariæ, III, p. 550; M. Baudry-Lacantinerie, III, nᵒ 208; MM. Mérignhac, *Traité du régime de la Communauté*, nᵒ 3112, II.

(2) Zachariæ, III, p. 550.

exiger le dépôt à la caisse des consignations, d'une somme égale. »

Sans revenir sur la controverse soulevée au sujet de l'article 1518, nous répondrons à nos adversaires que cet article peut se diviser en deux parties : l'une qui vise le cas le plus fréquent, l'acceptation de la communauté : nous savons comment se fait le partage dans cette circonstance ; l'autre qui a trait au préciput convenu au cas de renonciation. Comment les auteurs opposés à notre opinion ne se contentent-ils pas de la première partie de notre article ? Sur quoi se fondent-ils pour contredire notre solution qui a pour elle la logique et l'équité ?

Que décider maintenant, si le préciput, au lieu d'être stipulé au profit de la femme, est convenu en faveur du mari ?

Quand le mari a conservé son droit éventuel au préciput, il n'y a pas de difficultés, au cas de renonciation par la femme à la communauté : le mari gardant l'actif commun, son préciput est désormais confondu avec les biens de la communauté. Mais si la femme accepte, il y a lieu au partage, sans égard au préciput, avec la réserve du droit du mari contre sa femme pour la moitié du préciput attribuée à cette dernière, et au cas seulement où il lui survivrait.

La femme devenue ainsi débitrice conditionnelle de la moitié du préciput, doit-elle fournir caution ?

Nous serions tenté de répondre comme pour le cas où le mari est devenu débiteur de la moitié du préciput, que la femme pas plus que le mari n'a droit à une caution. L'opinion de M. Troplong nous donne quelques hésitations. Le mari, nous dit l'éminent magistrat, ne peut-il pas trouver son gage dissipé, anéanti par la gestion inhabile de la femme? Pourquoi le législateur exige-t-il du mari des garanties, quand il redoute sa mauvaise administration?(Article 1518 *in fine*.) — Pourquoi la femme est-elle dispensée d'assurer ces garanties au mari qui pourra ne rien trouver quand le moment arrivera de faire valoir son droit? Pourquoi cette inégalité entre époux quand il y a égalité de périls (1)?

Malgré ces justes observations, nous refusons au mari le droit d'exiger une caution de sa femme; nous lui refusons au nom du même principe qui est le fondement de notre matière, à savoir, qu'il n'y a pas de caution, sans texte, ou sans jugement, ou sans pacte. — Le mari ne peut donc, en aucun cas, alors même que la communauté a été dissoute par suite d'une séparation de corps ou d'un divorce prononcés en sa faveur, et, sur sa demande, exiger de la femme qui accepte la communauté, une caution pour la restitution de la somme ou des objets du préciput. Rien, en effet, dans l'article 1518, ne l'y autorise. Ses dispositions nous donnent au contraire un argument *a contrario* contre lui, car en accordant à la femme seule le droit de demander caution au mari, elle le refuse implicitement à ce dernier (2).

(1 Troplong, n° 2135.

(2) Bellot des Minières, III, p. 274; Toullier, XIII, 597; Rodière et Pont, III, 1561; Aubry et Rau, § 520, note 16; Colmet de San-

Du reste, la situation du mari préciputaire est identique à celle de la femme qui a accepté la communauté. Nous refusons à celle-ci le droit de demander une caution au mari ; en vertu de quels principes pourrions-nous accorder au mari le droit de la réclamer de la femme ?

M. Troplong qui n'admet pas de scission dans l'article 1518 soutient que la caution est due à la femme, qu'elle accepte ou qu'elle renonce. Aussi se demande-t-il logiquement si le mari ne peut pas l'exiger de sa femme.

Nous avons vu qu'on peut lui répondre, en admettant dans l'article 1518 deux parties correspondantes aux deux hypothèses prévues par l'article 1515.

Au cours de notre chapitre, nous avons vu ce que devient le préciput conservé par l'époux qui a obtenu le divorce ou la séparation de corps. Quand le préciput est perdu pour l'époux coupable, est-il perdu irrévocablement ? N'est-il pas susceptible de reparaître par un second mariage au cas de divorce, par une réconciliation au cas de séparation de corps ?

Quand les époux sont divorcés, ils sont aussi étrangers l'un à l'autre que s'ils n'avaient jamais été ma-

terre, VI, n° 185 *bis*, IV; Guillouard, III, n° 1621 ; MM. Mérighnac, II, n° 3119 riés. Le lien du mariage a été complétement brisé par le divorce, il faut donc le rétablir à nouveau et il est naturel de procéder comme s'il s'agissait de le faire pour la première fois. Une nouvelle célébration du mariage est nécessaire, nous dit l'article 295. Et comme le législateur redoute que les époux, qui, dans leurs rapports avec les tiers peuvent avoir intérêt à changer leurs conventions matrimoniales, n'aient l'idée de divorcer pour se donner ensuite, par un second mariage, le régime qu'ils convoitent, voici les dispositions qu'il a édictées. (Art. 295, 2º.) « Les époux ne pourront adopter un régime matrimonial autre que celui qui réglait originairement leur union. »

A côté de ce texte, nous avons encore l'article 1395 du Code civil qui dit que les conventions matrimoniales ne peuvent recevoir aucun changement durant le mariage. Si on peut, au moyen d'un divorce suivi d'un second mariage, écarter ce grand principe qui régit la matière du contrat de mariage, nous devons avouer qu'on fait bon marché des fondements de notre Droit civil.

Pour ces raisons, nous devons admettre que la clause préciputaire, qui est une convention de mariage, qui fait partie du régime matrimonial adopté (295, 2º), doit reparaître au profit de l'époux qui l'a perdu en succombant dans l'instance en divorce.

Du reste, l'époux innocent, se réconciliant avec l'époux coupable, montre bien qu'il pardonne ce dernier et qu'il veut refaire pour lui ce qu'il a fait au jour du premier mariage. Par leur réunion, ces époux laissent présumer qu'ils oublient leurs torts, pour vivre

désormais en bonne intelligence et soumis aux conventions qui les régissaient auparavant.

La communauté liquidée à la suite du divorce est
reconstituée; chacun des époux y rapporte tout ce
qu'il en a retiré. Si la femme a renoncé à la communauté, sa renonciation est non avenue; le mari, qui a
gardé tous les biens communs, est de nouveau le chef
de la communauté, et ainsi tout est rétabli comme
au jour du mariage. Le préciput reparait et l'époux
préciputaire peut l'exercer quand la condition de
survie lui donne ouverture.

En est-il de même quand les époux, au lieu d'être
divorcés, sont séparés de corps? L'époux qui a perdu
le préciput peut-il le recouvrer en se réconciliant
avec son conjoint? Le fait de la réconciliation suffit-il
ou bien faut-il encore le rétablissement des conventions matrimoniales?

Nous ne croyons pas que le rétablissement de la
communauté, conformément à l'article 1451, soit utile.
La séparation de corps prononcée contre l'époux préciputaire fait perdre le préciput à ce dernier. La réconciliation des époux doit, d'après nous, le faire
renaitre. — Il y a cependant une circonstance dans
laquelle la communauté doit être rétablie, c'est lorsque la femme a renoncé à la communauté dissoute
par la séparation. Dans ce cas, le préciput ne peut
renaitre que si la communauté reparait, car la réconciliation ne peut avoir pour conséquence de détruire
l'effet de la renonciation de la femme à la communauté.

Demolombe (1) soutient une opinion contraire à la nôtre et prétend que les avantages matrimoniaux ne peuvent revivre que si la communauté est reconstituée conformément à l'article 1451. La jurisprudence dit, au contraire, que la réconciliation ultérieure des époux suffit. Il est de principe, d'après la Cour de cassation, que la réunion des époux fait cesser tous les effets de la séparation de corps (2).

Cette réconciliation, destinée à détruire le jugement de séparation de corps, résulte-t-elle de la reprise de la vie commune, ou faut-il, pour que le préciput revive, une réconciliation publiée conformément à l'article 1445, article 3 de la loi du 6 février 1893 modifiant l'article 311 du Code civil.

Le législateur, dans cette loi récente, nous parle de la réconciliation des époux après la séparation de corps.

Voici ces dispositions qui, en modifiant la capacité civile de la femme séparée de corps, vont nous montrer les situations diverses qui lui sont faites. « Art. 311, 2°, 3°, 4°. — La séparation de corps emporte toujours la séparation de biens. — Elle a, en outre, pour effet, de rendre à la femme le plein exercice de sa capacité civile, sans qu'elle ait besoin de recourir à l'autorisation de son mari ou de justice. — S'il y a cessation de la séparation de corps, par la réconciliation des époux, la capacité de la femme est mo-

---

(1) Demolombe, IV. p. 663.
(2) Toulouse, 24 juillet 1848; Cass., 5 janvier 1849 (S., 50, 1, 5).

difiée pour l'avenir et réglée par les dispositions de l'article 1449. Cette modification n'est opposable aux tiers que si la reprise de la vie commune a été constatée par acte passé devant notaire avec minute dont un extrait devra être affiché en la forme indiquée par l'article 1445 et, de plus, par la mention en marge : 1° de l'acte de mariage ; 2° du jugement ou de l'arrêt qui a prononcé la séparation, et enfin, par la publication en extrait dans l'un des journaux du département, recevant les publications légales. »

De ce texte, il résulte que la femme séparée de corps est pleinement capable.

Si elle se réconcilie avec son mari, en se conformant aux règles de publicité de la nouvelle loi (acte passé devant un notaire, extrait de cet acte affiché et mentionné en marge de l'acte de mariage et du jugement de séparation), elle perd la capacité civile, résultat de la séparation de corps, pour vivre sous le régime de la séparation de biens. Le législateur du 6 février 1893 l'explique nettement, lorsqu'il nous dit que la capacité de la femme, après la réconciliation, est régie par l'article 1449 qui s'occupe uniquement de la séparation de biens. Par conséquent, si une femme veut revenir à son premier régime matrimonial, à la communauté, elle doit se conformer à l'article 1451 que la loi du 6 février a laissé intact. — Il peut donc y avoir deux réconciliations successives : l'une qui, en faisant cesser la séparation de corps, enlève à la femme la capacité civile que cette séparation lui avait donnée ; l'autre qui, rétablissant la communauté, premier régime matrimonial disparu, anéantit la séparation de biens.

Ces deux réconciliations peuvent, à notre avis, se confondre en une seule, à condition que les parties expriment leur volonté dans l'acte notarié prescrit par l'article 1451, et soumettent ce dernier à la publicité de la loi nouvelle qui est plus étendue que celle de l'article 1445.

De ces observations sur la loi du 6 février 1893, il résulte que la réconciliation dont elle nous parle, en modifiant le régime adopté par les époux doit être connue des tiers. La modification qu'elle apporte dans les conventions matrimoniales ne leur est opposable qu'après les formalités de publicité prescrites (311 *in fine*).

Nous ne croyons pas que cette réconciliation soit nécessaire pour faire revivre le préciput au profit de l'époux coupable qui l'avait perdu.

La reprise de la vie commune suffit, d'après nous, à le rétablir. Le préciput, en effet, ne regarde que les époux, n'a de valeur qu'entre eux; par conséquent, si la séparation de corps le détruit, la réunion des époux doit le faire renaître. Peu importe que la séparation de biens survive à cette réconciliation. La séparation de biens ne fait pas d'obstacle à la délivrance du préciput. Quand les époux sont séparés de biens, la communauté est liquidée « sans égard au préciput » : chaque époux prend la moitié des biens communs. A la dissolution du mariage survenue par la mort, quand l'époux préciputaire survit, il peut réclamer aux héritiers du conjoint décédé la part de

l'avantage que ce dernier a touchée lors de la liquidation de la communauté. Si les héritiers lui contes-
tent l'existence du préciput en invoquant la déchéance
de l'article 1518, nous croyons que l'époux préciputaire peut prouver par témoins sa réconciliation, la
reprise de la vie commune, et, par suite, l'existence
du gain préciputaire.

Inutile d'ajouter que le rétablissement de la vie
en commun, la renonciation par les époux à la séparation de corps doit résulter d'un fait public et précis (1).

Le préciput peut donc reparaitre quand les époux
divorcés se remarient, ou lorsque les époux séparés
de corps se réunissent.

Qu'arrive-t-il, si le divorce est prononcé en faveur
d'un époux, et la séparation de corps au profit de
l'autre ?

Bien des arrêts et des jugements sont rendus dans
ce sens (2). Pour être logiques avec eux-mêmes, les
Cours et les Tribunaux doivent admettre les conséquences suivantes de leur solution. — L'époux divorcé
peut se remarier, mais son conjoint ne le peut pas,
car il n'est que séparé de corps. D'un autre côté, ce
dernier ne peut se réconcilier avec l'époux divorcé,
car les liens du mariage relâchés pour l'un, sont
détruits pour l'autre. — De cette situation, il résulte

---

(1) Paris, 5 avril 1859 (S., 59, 2, 201).
(2) Paris, 31 décembre 1887 (S., 88, 2, 85); Paris, 27 juin 1888
(S., 91, 2, 62); Rouen, 7 août 1888 (S., 90, 2, 51); Bordeaux,
13 nov. 1893 (S., 94, 2, 80); Poitiers, 18 juin 1891 (S., 94, 2, 235).

que les époux ne peuvent ni se remarier ni se réconcilier; par conséquent, leurs conventions matrimoniales et avec elles le préciput disparus ne peuvent jamais renaître.

Résultat singulier d'une solution qui aboutit à détruire pour toujours des liens qui devaient être indissolubles! Ces conséquences seules, suffisent à faire rejeter l'opinion de la jurisprudence. Aussi , préférons-nous nous ranger du côté de la Cour d'Alger, qui, voyant ce qu'il y a d'étrange dans les arrêts des autres Cours, déclare que les juges ne peuvent prononcer simultanément le divorce contre l'un des époux et la séparation de corps contre l'autre (1).

OBSERVATION. — Nous avons parlé du préciput s'ouvrant au décès (1517). — L'article 124 du Code civil nous signale une autre circonstance qui donne ouverture au préciput.

D'après ce texte, en cas d'absence d'un des conjoints, l'époux présent commun en biens a un droit d'option dont voici les termes : continuation provisoire de la communauté, ou dissolution provisoire de cette communauté.

Examinons d'abord la situation particulière qui résulte de la continuation de la communauté. L'époux présent, prend ou conserve l'administration des biens de l'absent et de la communauté, il écarte les héritiers

(1) Alger, 14 juin 1895 (S., 96, 2, 35).

qui peuvent demander l'envoi en possession provisoire et garde tous les droits subordonnés au décès
de l'absent. Quand l'époux présent opte pour la continuation provisoire de la communauté, il demeure
administrateur de cette communauté, jusqu'au jour
où l'existence ou la mort de l'absent est connue.

Si l'époux opte pour la dissolution provisoire de
la communauté, la communauté est réputée dissoute du jour de la disparition ou des dernières nouvelles de l'absent. Elle doit être provisoirement liquidée d'après son état à cette époque, et l'époux présent exerce tant sur les biens de la communauté que
sur ceux de l'absent qui n'étaient pas entrés en communauté, « ses reprises et tous ses droits légaux et
conventionnels ».

Le préciput faisant partie des droits conventionnels,
il s'ensuit que l'époux peut exercer provisoirement ce
droit que le contrat lui accorde. Si l'époux absent ne
donne plus de ses nouvelles ou qu'on ait la preuve de
sa mort, la liquidation provisoire est définitive et le
préciput est conservé par l'époux présent qui l'a prélevé.
— Si, au contraire, l'absent revient ou donne de ses
nouvelles, la communauté est rétablie, l'époux présent y rapporte ce qu'il en a retiré, le préciput reparait en attendant la dissolution du mariage et de la
communauté par la mort d'un des époux.

Le législateur craignant que l'époux qui opte pour
la dissolution de la communauté, ne dissipe les biens
qu'il touche au partage provisoire de cette communauté, exige de lui une caution. Il ne distingue pas

entre le mari et la femme, par conséquent, l'époux présent, quel qu'il soit, doit la caution.

Cette obligation est cependant contestée à l'égard du mari (1). Le mari étant chef de la communauté, et n'exerçant son préciput que sur les biens communs, la femme ne peut avoir de restitution à lui demander. En prélevant les objets du préciput sur les biens dont il a l'administration, le mari ne peut, semble-t-il, être obligé de fournir caution, car il garde toute sa vie l'administration de ces biens confondus avec son patrimoine. — Cette supposition n'est pas exacte, et le mari est tenu de fournir caution, car il se peut que la femme reparaisse ou qu'elle donne de ses nouvelles, postérieurement au décès du mari. Dans ce cas, les héritiers de ce dernier doivent restituer la moitié du préciput qu'il a prélevé; quant à l'autre moitié, elle leur revient de droit par suite du partage des biens communs. Le mari étant mort avant sa femme, le préciput tombe et la communauté est divisée en deux parts égales.

Des observations qui précèdent, il résulte que la caution donnée par le mari pour garantir la restitution du préciput due à une femme absente a une grande utilité si la femme reparait après sa mort (2).

(1) Duranton, XV, n° 197.
(2) Rodière et Pont, II, 1015; Aubry et Rau, V, § 529.

II

' Le préciput que nous avons étudié et dont nous
parle l'article 1517, est présumé stipulé sans condition de survie. Mais les futurs époux peuvent convenir d'un préciput qui s'ouvrira en cas de séparation
de corps, de divorce et de séparation de biens, ou,
d'une façon générale, pour tous les cas de dissolution de la communauté (1).

Ni l'article 1452, ni l'article 1517 ne sont limitatifs
ou exclusifs de conventions contraires. Une telle stipulation est insolite, mais non prohibée. — Le *jus
præcipiendi* s'ouvre, en pareil cas, lors de la dissolution de la communauté, survenue par une des causes sus-énoncées, sauf l'application de la déchéance
prévue par l'article 1518, contre l'époux qui a donné
lieu au divorce ou à la séparation de corps.

Si l'article 1518 dispose qu'il n'y a pas lieu à la délivrance actuelle du préciput quand la dissolution de
la société conjugale s'opère par la séparation de
corps ou le divorce, c'est parce qu'il prévoit l'hypo-

(1) Battur, II, 274 ; Toullier, XIII, 398 ; Duranton, XV, 181 ; Odier,
II, 874, Rodière et Pont, III, 1545 ; Aubry et Rau, V, § 529, note 18 ;
Arntz, III, 847 ; Guillouard, III, 1617.

thèse la plus fréquente où le préciput n'a été stipulé qu'au cas de survie. La Cour de Cassation elle-même confirme notre opinion. Elle juge que la femme peut stipuler d'une façon très générale que la dissolution de la communauté donne ouverture à un préciput indépendant de la condition de survie (1). — Et la cour de Limoges, dans une espèce à peu près identique, dit encore qu'un préciput peut être stipulé pour les cas les plus habituels de dissolution de la communauté, c'est-à-dire la séparation de corps et de biens (2).

Quand le préciput est stipulé ouvert dans tous les cas de dissolution de la communauté, dès que la communauté est dissoute par la séparation de biens, le divorce ou la séparation de corps, le préciput est délivré à l'époux préciputaire qui l'a conservé.

S'il est stipulé ouvert dans tel cas spécial de dissolution de la communauté, c'est lorsque ce cas se produit que le préciput prend naissance

Au cas de séparation de biens, par exemple, la liquidation de la communauté est faite dans les quinze jours du jugement qui l'a prononcée (1444). Le préciput est prélevé et les biens communs restant sont partagés par moitié.

(1) Req. rej., Cass., 26 janvier 1808 (S., 1808, 1, 209).
(2) Limoges, 6 août 1819 (S., 50, 2, 108).

Si les époux, après ce partage, veulent rétablir la communauté, ils doivent faire constater par un notaire leur intention de revenir à leur premier régime matrimonial (1451). L'acte constatant le rétablissement de la communauté doit être affiché conformément à l'article 1445. — La communauté est reconstituée, comme au jour du mariage : le préciput est versé dans la masse, avec la part de biens communs touchée par l'époux préciputaire. Ainsi, le préciput renaît et ne peut s'ouvrir que par une nouvelle séparation de biens.

Si nous supposons que le préciput est convenu pour le cas de divorce, nous savons que l'époux innocent seul conserve le droit de l'exercer (1518).

Le divorce peut être déclaré directement par un jugement : il peut aussi résulter d'un jugement de séparation de corps converti après trois ans en jugement de divorce (310). Dans le premier cas, le préciput s'ouvre dès que le jugement est rendu : dans la deuxième hypothèse, c'est après trois ans de séparation de corps et un nouveau jugement prononçant le divorce que l'époux bénéficiaire a droit au préciput. — Si, après ce délai, le divorce est demandé par l'époux contre lequel la séparation a été prononcée, le jugement de divorce sera rendu contre ce dernier. Trois ans du régime de la séparation de corps ne peuvent en effet transformer les torts d'un époux coupable et faire de celui-ci un innocent.

Dans les deux situations précédentes, le préciput
ne peut reparaitre qu'autant qu'une célébration nouvelle du mariage a consacré la réconciliation des
époux (295) Le seul fait du mariage oblige, selon
nous, l'époux préciputaire à rapporter la somme ou les
objets prélevés dans la communauté rétablie par une
nouvelle union. Le divorce, en effet, a donné naissance
au préciput : un second mariage entre les époux divorcés doit rétablir les choses dans le même état qu'auparavant, *cessante causâ, cessat effectus*. — Le préciput reparait donc, en vue d'un nouveau divorce
qui sera bien rare, puisqu'en principe, les époux,
après leur réunion, ne peuvent divorcer. Exception-
nellement, l'article 295, 3°, autorise une demande en
divorce « pour une condamnation à une peine afflictive et infamante prononcée contre l'un des époux,
depuis leur réunion ».

Il nous reste à parler de la séparation de corps,
comme cause de dissolution de la communauté, susceptible de donner ouverture au préciput. A cet égard,
nous devons faire quelques précisions que nous ins-
pire la loi du 6 février 1893.

Pour voir l'influence de cette loi, nous devons supposer d'abord qu'un préciput est stipulé d'une façon
générale pour tous les cas de dissolution de la communauté. Par conséquent, dès que la séparation de
corps est prononcée au profit d'un époux, le préciput

doit être délivré : si c'est la femme, elle a, de plus, la capacité civile qui lui permet d'agir sans l'autorisation du mari ou de justice (311, 3º).

Dans notre hypothèse, l'époux préciputaire qui a conservé son droit, touche le préciput. S'il se réconcilie avec son conjoint, la séparation de corps cessant, il semble qu'il doit rendre son préciput. Il n'en est rien, car cette réconciliation ne suffit pas pour revenir au régime de la communauté. Nous avons vu, en effet, dans nos observations générales sur la loi du 6 février 1893, qu'à la séparation de corps détruite par la réconciliation, survit la séparation de biens. Par conséquent, si ce régime est maintenu entre les époux, comme régime matrimonial, le préciput auquel a donné naissance la dissolution de la communauté produite par la séparation de corps, reste entre les mains de l'époux bénéficiaire en vertu de la séparation de biens.

Le préciput, dans ce cas, ne peut renaitre que si la communauté dont il est une modification reparait. Puisque le préciput est stipulé pour tous les cas de dissolution, comme la séparation de biens subsiste après la réconciliation, il en résulte que le droit au préciput reste ouvert. Ce n'est qu'après le rétablissement de la communauté (1451), que le préciput renait. A ce moment, l'époux qui a exercé son droit doit verser dans la communauté rétablie la somme ou les objets du préciput.

A cet égard, il peut arriver qu'il ait aliéné ces objets : dans ce cas, assurément, le préciput ne peut être remis en communauté. Mais il est juste que la valeur des effets disparus ou aliénés, soit versée dans la masse commune par l'époux préciputaire.

.

Lorsque le préciput, au lieu d'être stipulé dans tous les cas de dissolution de la communauté, est stipulé ouvert au cas de séparation de corps, il est délivré après le jugement qui prononce la séparation.

L'époux bénéficiaire exerce son droit et devient définitivement propriétaire des objets du préciput lorsqu'une réconciliation ne survient pas plus tard.

Si les époux reprennent la vie commune et rétablissent la communauté, le préciput reparait. Dans notre hypothèse, il faut le rétablissement de la communauté, car le préciput doit reparaitre en vue d'une nouvelle dissolution de la communauté. Il est évident que, une nouvelle séparation survenant, le droit au préciput n'est ouvert et ne peut s'exercer que si la communauté a été primitivement rétablie. On ne peut, en effet, prélever sur la communauté des objets pris une première fois, qu'autant que la masse commune a été reconstituée.

CHAPITRE III

DES EFFETS DU PRÉCIPUT CONVENTIONNEL

Les objets qui constituent le préciput, confondus dans la communauté pendant sa durée, ne deviennent pas de plein droit à sa dissolution la propriété particulière du survivant. Ils continuent à faire partie de la masse, sauf à l'ayant-droit à les prélever avant partage, lors de la dissolution de la communauté, s'ils existent encore, ou leur valeur dans le cas contraire.

De cette idée, nous pouvons tirer les conséquences suivantes :

1° Le mari, étant seigneur et maitre de la communauté, peut aliéner les biens compris dans le préciput sans que la femme puisse critiquer cette aliénation si un jour le préciput s'ouvre à son profit.

2° Les créanciers de la communauté peuvent saisir les effets compris dans le préciput et les faire vendre pour se payer sur le prix, sauf, en ce cas, le droit pour l'époux préciputaire d'en prélever la valeur sur la masse. On peut induire de là que les créanciers de la

communauté doivent être payés avant le prélèvement
du préciput. En d'autres termes, le gain préciputaire
doit être pris sur l'actif net à partager.

3° Pour déterminer la mesure de l'avantage préciputaire, il faut d'abord rechercher l'importance de la
communauté. C'est, en effet, sur les forces réelles de
celle-ci que se calcule le bénéfice actuel du conjoint
survivant. Les époux commencent par écarter tous
les biens restés propres à chacun d'eux et qui n'ont été
confondus qu'en apparence durant la communauté,
sous l'administration du mari. — Les récompenses,
reprises, remplois et indemnités dûs à chaque époux
ou à leurs héritiers, doivent être acquittés.—Il faut encore que chaque époux rapporte à la communauté les
récompenses et indemnités qu'il peut lui devoir, ainsi
que les sommes qui en ont été soustraites soit pour
le payement de ses dettes personnelles, soit pour la
dotation d'enfants (art. 1437-1438). — Enfin, toutes
les charges et dettes de la communauté envers les
étrangers doivent être précomptées avant l'exercice
du préciput.

L'importance de la masse étant ainsi déterminée,
le survivant prélève l'avantage que le contrat de mariage lui donne. De cette manière, on peut voir que
le survivant n'est payé que pour moitié sur la part du
prédécédé, confondant ainsi l'autre moitié sur sa propre part. Aussi croyons-nous qu'il est plus pratique
de commencer par le partage, afin que le conjoint survivant dont la part comprend la moitié de son préciput, n'ait à exercer que le prélèvement de l'autre
moitié sur la part revenant au conjoint prédécédé.

Quelquefois, nous l'avons vu, on stipule que le préciput se prendra, non sur la masse, mais sur la part de l'époux prédécédé, ou plutôt sur la part de ses héritiers, stipulation qui double la valeur du préciput.

Supposons, par exemple, une masse à partager de 60,000 fr. et un préciput de 20,000 fr. en faveur du survivant des époux. Si le préciput s'exerce sur la masse, l'époux survivant touche 40,000 fr., savoir 20,000 fr. de préciput, et 20,000 fr. pour sa part dans la communauté réduite à la somme de 40,000 fr. par le prélèvement du préciput. — En réalité, l'époux survivant n'a qu'un bénéfice de 10,000 fr., car si la communauté de 60,000 fr. eût été divisée en parts égales, il aurait eu 30,000 francs.

Si, au contraire, le préciput s'exerce sur la part du prédécédé, après avoir touché les 30,000 fr. formant sa part dans la communauté, le survivant prend son préciput de 20,000 fr. sur la part de l'autre époux ou plutôt de ses héritiers, ce qui constitue un avantage de 20,000 fr., avantage qui dans le premier cas est réduit à 10,000 francs.

Après avoir vu comment s'exerce le préciput sur des objets ou sur une somme déterminée, il nous reste à rechercher les effets d'un préciput stipulé sous une alternative. Il peut arriver, et c'est même une clause assez fréquente dans le contrat de mariage, que les futurs époux attribuent au survivant d'entr'eux, ses linges et hardes de corps à son usage, ou une somme déterminée.

A qui appartient le choix dans cette alternative? Faut-il suivre le principe qui nous est formellement

donné par l'article 1190 du Code civil? « Le choix
appartient au débiteur, dit cet article, s'il n'a pas été
accordé au créancier. »

D'après ce texte, dont la rédaction est bien nette, il
semble que le choix dans notre matière doit appartenir aux héritiers de l'époux prédécédé. Mais nous
croyons que cet article est une règle d'interprétation
générale qui ne régit pas les hypothèses dans lesquel-
les l'usage ou les circonstances particulières de la
convention commandent une solution inverse.

Dans le cas qui nous occupe, c'est un usage constant d'attribuerce droit à l'époux préciputaire ; aussi
faut-il présumer que telle a été la volonté des parties,
même dans le silence du contrat. Du reste, une autre
considération justifie notre solution.

Souvent, en effet, la convention de préciput porte
sur des objets qui ont pour les époux une valeur
d'affection. Dès lors, il est certain que ceux-ci n'ont
pas entendu laisser aux héritiers du prédécédé, la
faculté de leur accorder les choses auxquelles ils
tiennent peut-être le moins. — Refuser à l'époux sur-
survivant le droit de choisir, serait lui retirer d'un
côté ce que la convention lui accorde de l'autre, ou le
diminuer singulièrement (1).

---

(1) Duranton, t. XV, n° 184 ; Rodière et Pont, n° 1536 ; Aubry et
Rau, § 529 note 3.

Nous avons par là terminé l'examen des effets du préciput, relativement au partage de l'actif de la communauté. La question se pose de savoir quelle est l'influence de la clause préciputaire sur la contribution aux dettes communes.

En principe, le préciput n'a pas d'influence sur la contribution aux dettes, puisqu'il ne confère à l'époux bénéficiaire qu'un droit à exercer avant le partage. — Nous écartons donc toute application de l'article 1522, à notre clause de préciput. Cependant, il y a des stipulations de ce genre qui ressemblent beaucoup aux clauses qui assignent des parts inégales dans la communauté. Nous supposons, par exemple, que le survivant a le droit de prendre par préciput et hors part tout le mobilier de la communauté, ou même la communauté mobilière et l'usufruit des acquêts.

En interprétant juridiquement la clause préciputaire, en s'attachant à l'étymologie du mot, il faut décider qu'une clause de cette nature ne peut modifier la contribution aux dettes. Qui dit, en effet, avantage hors part, dit bénéfice qui doit être payé exempt de dettes.

On s'accorde pourtant à reconnaitre que, lorsque le préciput prend le caractère d'un avantage à titre universel, l'époux bénéficiaire est chargé d'une part correspondante dans le passif de la communauté. Il parait, en effet, plus conforme à l'intention des parties de supposer qu'elles ont entendu régler la répartition des dettes, comme elles ont songé à la répartition de l'actif. A cet égard, la dénomination du préciput donnée à la convention de leur contrat de mariage, est

erronée : car cette convention est une convention de
partage inégal soumise à l'article 1521. — Notre af-
firmation, à cet égard, se justifie d'autant mieux que
si les époux avaient accordé par préciput au survivant tous les meubles, en laissant supporter à chacun d'eux une égale part de dettes, la convention
serait nulle par application de l'article 1521, 2°. —
Du reste, cela donnerait lieu à des fraudes perpétuel-
les. Un mari qui n'aurait pas d'enfants, emprunterait
de tous côtés pour grossir les effets mobiliers de la
communauté, afin d'avantager indirectement sa
femme ou d'en profiter lui-même (1).

Nous concluons donc, qu'en principe, le préciput
n'a aucune inflence sur la contribution des époux aux
dettes, car ils les supportent comme si cette clause
n'existait pas. Par exception, dans le cas d'un préciput à titre universel, l'époux préciputaire contribue
aux dettes proportionnellement à ce qu'il retire de la
communauté.

Le préciput n'a pas plus d'influence sur les droits
des créanciers de l'un ou de l'autre époux. Les droits
ne sont pas diminués, et les créanciers ne sont pas
troublés dans leurs poursuites sur les biens de leur
débiteur par le concours de l'époux préciputaire,
puisque l'article 1515, 2°, refuse à ce dernier un re-
cours sur les biens de son conjoint, dans le cas d'insuffisance des biens communs (2).

(1) Argou, II, p. 150 et 151.
(2) Cassation, 3 août 1852 (S., 52, 1, 833), (D., 52, 1, 257); Colmet de Santerre, VI, n° 182 bis, IV ; Guillouard, III, n° 1623; Laurent, XXIII, n° 352.

DEUXIÈME PARTIE

Du préciput stipulé au profit de la femme, même en renonçant.

Le droit au préciput ne peut s'exercer que si la femme a accepté la communauté. Peut-on, en effet, parler de prélèvement à faire sur une masse autre qu'une masse commune? Et pour avoir le *jus præcipiendi*, ne faut-il pas avoir d'abord le *jus capiendi?* Le droit au préciput étant, de sa nature, inhérent à la qualité de copartageant, ne peut donc appartenir à la femme renonçante.

La loi permet cependant de déroger à cette règle, car elle autorise les époux à stipuler un préciput au profit de la femme « même en renonçant » (1515, al. 1, *in fine*).

CHAPITRE PREMIER

NATURE DU PRÉCIPUT DE LA FEMME MÊME RENONÇANTE

Le droit de la femme même renonçante de prendre certains objets ou une somme déterminée sur une masse commune à laquelle elle a renoncé, n'est plus un vrai préciput.

Il n'y a plus préciput au vrai sens juridique du mot, c'est-à-dire prélèvement sur une masse commune, avant partage : l'expression de préciput, comme le dit M. Colmet de Santerre (1), est quelque peu détournée du sens exact que lui assigne son étymologie puisque la femme ne prend pas part dans la communauté. Mais il est de règle que la volonté des parties doit l'emporter sur les dénominations inexactes qu'elles ont employées, qu'on doit voir ce qu'elles ont voulu plutôt que ce qu'elles ont dit.

(1) Colmet de Santerre, sur l'art. 1515, VI, 182 *bis*, III.

C'est *favore nuptiarum*, croyons-nous, que le législateur, dans l'article 1515, a admis que la stipulation de préciput au profit de la femme lui donne droit à cet avantage, même en cas de renonciation à la communauté. Pour donner effet à la volonté des parties, il a transformé en droit de créance le droit de préciput qu'on peut considérer, dans une certaine mesure, comme un « droit réel, un droit de prélévement, » d'après Pothier.

Le *jus præcipiendi* ne porte-t-il pas le plus souvent sur des objets dont l'époux préciputaire était déjà propriétaire avant son mariage?

Du moment que nous considérons la femme comme créancière de son préciput, le mari devient responsable du paiement de ce préciput, même sur ses biens personnels, et cet avantage matrimonial, ou plutôt cette créance, ne s'évanouit pas si le fonds commun est entièrement absorbé par les dettes communes ou les reprises matrimoniales.

Le droit de la femme renonçante qui s'est réservé un préciput au cas de renonciation, n'est pas un préciput, mais une créance contre le mari, car les biens communs auxquels la femme a renoncé sont confondus avec les biens personnels de ce dernier.

Puisque nous admettons que le préciput de la femme renonçante n'est pas un vrai préciput, quels seront la nature, le caractère de cette stipulation ?

7

Avec l'article 1516, nous avons décidé que le préciput qui s'exerce sur des biens communs n'est pas considéré comme une libéralité, mais comme une convention de mariage.

En est-il de même quand la femme stipule avec ou sans condition de survie de prendre un préciput, même en renonçant à la communauté ? Cette convention n'est-elle pas une vraie libéralité ? La raison de douter de la nature du droit est ici plus forte que pour le préciput ordinaire. Celle-ci se prend sur une masse commune aux deux époux, sur laquelle chacun a des droits égaux : l'autre, au contraire, se prend sur des biens complètement étrangers à la femme. Dans le préciput ordinaire, il est difficile de voir un transfert de propriété en faveur de l'époux préciputaire, car le préciput, même en le considérant comme une libéralité, ne porte que sur des biens à venir (1). Dans le préciput, dont nous cherchons la nature, la femme s'est réservé le *jus præcipiendi*, même pour le cas où elle renoncerait à la communauté. Renonce-t-elle à cette communauté, elle poursuit le mari ou ses héritiers pour la totalité de la somme préciputaire. Dans le cas d'acceptation de la communauté, elle peut exercer son préciput sur les biens communs, et, si ces biens sont insuffisants, elle demande le complément à la succession de son mari (2).

---

(1) Colmet de Santerre, t. VI, p. 417, n° 183 *bis*.

(2) Pothier, *Communauté*, n° 448. Cassation, 12 juin 1872 (S., 72, 1, 308), (D., 72, 1, 327).

Donc, dans le cas de renonciation à la communauté par la femme, nous voyons que cette dernière agit sur des biens dont le mari seul ou ses héritiers sont propriétaires. Elle reçoit des biens dont elle n'est pas copropriétaire indivise et qui ne sont pas soumis à un partage. Par sa renonciation, son droit s'est étendu ; il ne s'exerce plus seulement sur les biens de la communauté, comme pour le préciput ordinaire : il s'élargit pour porter à la fois sur les biens communs et les propres du mari désormais confondus par suite de la renonciation.

Comment, dit-on, la femme renonce à la communauté : elle reçoit malgré tout le préciput et cette convention contenue dans le contrat de mariage, lui accordant l'exercice de ce droit, n'est pas une libéralité ? Il y a là, semble-t-il, une anomalie complète. Aussi, certains auteurs (1) donnent-ils le caractère de libéralité au préciput de la femme qui renonce, tout en reconnaissant au préciput sur les biens communs, le caractère de convention matrimoniale.

Pour soutenir cette opinion, ils se fondent sur un texte de Lebrun (2). *Le préciput se peut prendre sur les propres du mari quand il est donné à la femme, en cas qu'elle renonce à la communauté, parce qu'en ce cas, c'est une donation.*

Ils nous disent encore : la femme, en renonçant, devient étrangère à la société conjugale. Comment

---

(1) Troplong, III, n° 2124, *Du Contrat de Mariage.*
(2) Lebrun, liv. III, chap. II, sect. I, dist. V, n° 5.

son droit dériverait-il de l'association qu'elle a contractée avec son mari? Ce droit n'est-il pas indépendant de ceux qu'elle a dans la société conjugale? De
même, lorsque la femme se retourne contre la succession du mari prédécédé, par suite de l'insuffisance
de l'actif commun, elle agit sur des biens étrangers
à la communauté : son droit est donc toujours indépendant de la communauté.

Les partisans de cette opinion cherchent encore
un appui dans la loi fiscale. Voyez, disent-ils, ce que
décident les règlements ministériels et la jurisprudence en matière fiscale. L'administration de l'enregistrement perçoit le droit de donation éventuelle
sur le contrat de mariage, et le droit proportionnel,
en cas de prédécès du mari, si la femme répudie la
communauté (1).

Toutes ces raisons sont sérieuses, il faut l'avouer,
mais nous ne croyons pas cependant que le bénéfice
attribué à la femme dérive dans ces circonstances
d'une libéralité. Il y a là un avantage qui forme un
tout dans l'intention des parties : celles-ci n'entendent pas donner une nature différente au droit de la
femme suivant les cas dans lesquels elle l'exerce ;
elles ne sont nullement préoccupées des modifications
que le jeu des principes doit amener dans leurs rapports réciproques.

_____

(1) D., 72, 1, 327, Cass., 2 juin 1872. Instr. du 26 sept. 1828,
n° 1256: Garnier, *Répertoire de l'enregistrement*, n° 5232, § 1 ;
Contrà : Championnière et Rigaud, t. IV, n° 2007.

Au surplus, quelle doit être l'intention de la femme, en stipulant la clause qui nous occupe? Est-ce de profiter d'un avantage gratuit? Nous ne le croyons pas. Son but, au moins faut-il le présumer, est de se prémunir contre la mauvaise administration de son mari ou de se mettre en garde contre les ennuis d'une liquidation compliquée. C'est en vain que nous recherchons ici l'élément sans lequel il n'y a pas de donation, l'*animus donandi*. — « *Si non donandi animo sed negoti gerendi causa dotem promiserit in donatione enim nullum negotium mixtum est* (1). »

Il nous reste, pour bien fixer notre solution, à réfuter les arguments ci-dessus exposés du système qui voit dans le préciput de la femme renonçante, une vraie donation.

L'argument du texte de Lebrun précité ne nous paraît nullement convaincant : pour qu'il eût une portée, il faudrait que les partisans de cette opinion nous prouvent qu'il a été la source des dispositions de notre Code civil. Dans le doute, nous préférons nous en rapporter à Pothier, dont le Code civil a reproduit les termes. Ce jurisconsulte, en effet, ne considère pas le préciput de la femme renonçante comme une libéralité, car « ce droit, dit-il, est sans garantie pour la femme et ne lui donne qu'une espérance ». C'est une assurance qu'elle contracte contre les risques qu'elle court en confiant ses biens à son mari (2).

---

(1) L., 29, § 1, D. *De administratione tutorum*, L., 50. *De donationibus inter virum et uxorem.*

(2) Pothier, VII, *Des Donations entre mari et femme*, n° 130; Pothier, VII, *Communauté*, n° 418.

Quant à l'argument tiré de ce fait que la renonciation de la femme à la communauté enlève à la femme
tous ses droits sur cette communauté, que, par suite,
si une convention lui permet d'exercer certains droits
sur la succession de son mari, cette convention est
un acte à titre gratuit, nous y répondons aisément par
le principe général de la liberté des conventions qui
doivent être interprétées conformément au désir des
parties. — L'intention des parties est, ici, d'accord
avec l'esprit de la convention qui est de rendre le
mari et sa succession garants du préciput de la femme.
« C'est pourquoi, nous dit Pothier, cette convention a
l'effet de rendre la femme, en cas de renonciation à
la communauté, créancière du montant de son préciput, contre la succession de son mari. »

Il nous reste à parler de l'argument tiré de l'application de la loi fiscale. L'administration de l'enregistrement perçoit le droit de donation éventuelle sur
le contrat de mariage et le droit proportionnel, en
car de prédécès du mari, si la femme répudie la com·
munauté. Il s'ensuit que le préciput de la femme
renonçante est considéré comme un acte à titre gratuit.

Les partisans de cette doctrine semblent oublier
les vrais principes de la loi fiscale. La loi fiscale n'est
pas comme la loi civile : elle s'en tient aux apparences sans rechercher au fond des conventions, l'intention des parties. — Notre réfutation sera sans répli-
que, quand nous aurons cité une instruction émanant
de l'administration elle-même, et où nous trouvons
les principes d'application de la loi fiscale. « Il est

de principe, dit cette instruction, que la perception des droits doit être réglée d'après les stipulations des actes présentés à l'enregistrement et suivant l'effet légal que la loi leur attribue au moment de l'accomplissement de cette formalité. L'administration étant un tiers pour le recouvrement de l'impôt, ainsi que la jurisprudence l'a toujours reconnu, ne peut avoir à tenir compte des intentions secrètes des parties ni des dissimulations auxquelles ils ont cru devoir recourir (1). »

Comme on le voit par ce qui précède, l'argument tiré de la loi fiscale ne peut avoir de portée, puisque cette dernière, guidée par les apparences, prend le préciput de la femme renonçante pour une libéralité, tandis qu'il est une clause à titre onéreux du contrat dont il est une partie intégrante.

Nous ne nous arrêterons pas plus longtemps à réfuter les arguments d'un système qui se condamne lui-même par des contradictions. — Voici, en effet, à quelles conséquences étranges il aboutit. Le préciput stipulé en cas de renonciation se prend d'abord sur la communauté. Si elle est bonne, la femme l'accepte et nous sommes alors dans le préciput ordinaire qui est une convention de mariage. Si la communauté est mauvaise, la femme y renonce et le préciput s'exerce sur les biens du mari. Il y a alors donation. Mais si la femme, après avoir pris ce qui reste dans la communauté, prend l'excédent sur les biens

(1) N° 2375, § 5.

du mari, on voit qu'il y a à la fois convention matrimoniale et donation.

De pareilles contradictions condamnent un système.
Aussi devons-nous admettre avec la jurisprudence (1)
et des auteurs bien autorisés (2) que le préciput est
une convention de mariage, qu'il soit stipulé au profit de la femme acceptante ou renonçante. Nous re-
poussons ainsi l'opinion de Troplong qui, après avoir
admis que le préciput ordinaire est une convention
de mariage, affirme que le préciput de la femme renonçante est une donation sujette à réduction (3).
Nous ne comprenons pas que la renonciation de la
femme puisse avoir pour effet, de transformer en donation une clause que l'éminent magistrat considère
lui-même, en cas d'acceptation, comme une convention de mariage.

Si, comme Troplong, on attribue le caractère d'une
donation au préciput de la femme même renonçante,
comme il cesse d'être une convention entre associés,
il faut en tirer plusieurs conséquences. Troplong les

(1) Amiens, 23 janvier 1851. D., 52, 2, 249.
(2) *Sic :* Aubry et Rau, § 529, note 5; Rodière et Pont, n° 1533;
Guillouard, n° 1614, *Du Contrat de mariage; Contra :* Colmet de
Santerre.
(3) Troplong, III, n° 2124, *Contrat de mariage.*

en déduit lui-même (1). Il nous dit : Le préciput peut être réduit non seulement au profit des enfants d'un précédent mariage, mais encore au profit des enfants à naitre du mariage. Il est même réductible, nous dit-il encore, au profit des autres héritiers réservataires, père, mère et autres ascendants, s'il entame la quotité disponible. Enfin, il est rapportable au décès du donateur par ses héritiers.

De pareilles conséquences sont inadmissibles, et nous ne croyons pas que les parties, à qui les connaissances juridiques font presque toujours défaut, puissent les prévoir. Ce qu'elles veulent, c'est laisser à la femme une somme ou des biens suffisants pour continuer le train de vie qu'elle menait avec son mari, ou la prémunir contre la gestion d'un mari inhabile et peu expérimenté : c'est encore et le plus souvent pour lui laisser certains objets auxquels elle attache une grande valeur d'affection.

Mais de là à voir dans le gain préciputaire une donation réductible en faveur de tous les héritiers réservataires, il y a loin ; aussi, nous bornons-nous à dire, tout en reconnaissant dans le préciput un certain avantage, que l'élément essentiel de la donation, l'*animus donandi*, fait complètement défaut.

D'ailleurs, le caractère du préciput que nous étudions, ressort du contrat qui lui donne naissance. Il n'est pas utile de chercher les charges réciproques incombant à des personnes qui se marient, pour affir-

---

(1) Troplong, III, n° 2124, *Du Contrat de mariage.*

mer le caractère à titre onéreux du contrat qui les
règle. — Comme la femme peut apporter en mariage
une dot plus forte que son mari, on peut lui offrir des
compensations pour les charges plus lourdes auxquelles elle a contribué.

Le préciput stipulé au profit de la femme, même en
renonçant, peut être une de ces compensations : par
conséquent, la stipulation qui lui donne naissance est
à titre onéreux, comme le contrat où elle se trouve.

CHAPITRE II

OUVERTURE DU PRÉCIPUT DE LA FEMME RENONÇANTE

Le préciput de la femme renonçante est présumé stipulé sous condition de survie de cette dernière. Il s'ouvre donc quand la femme survit à son mari. Le préciput doit être délivré à la femme, même si elle accepte la communauté, à moins que les parties n'aient expressément subordonné la délivrance à la renonciation de la femme. Les termes de l'article 1515 *in fine*, « même en renonçant », indiquent bien notre solution, car le commencement nous parle du préciput de la femme qui accepte la communauté et la fin autorise cette femme à prélever un préciput même au cas de renonciation. Par conséquent, *a fortiori*, semble-t-il, la femme, si elle accepte, pourra-t-elle exiger le préciput ?

Il peut arriver que, durant le mariage, la communauté soit dissoute par le divorce, la séparation de corps ou de biens ; le sort du préciput varie, dans ce cas, selon que le divorce ou la séparation de corps ont été prononcés au profit de la femme ou contre elle.

Quand les époux ont convenu d'un préciput en faveur de la femme même renonçante pour tous les cas de dissolution de la communauté ou pour un cas spécial, le préciput est ouvert au profit de la femme qui a obtenu le divorce ou la séparation de corps ; il disparaît dans le cas contraire. Si les époux se réconcilient en cas de séparation ou se remarient au cas de divorce, nous verrons quel est l'effet de la réconciliation ou d'un second mariage sur le préciput disparu.

SECTION PREMIÈRE

Préciput de la femme même renonçante au cas de survie.

Quand le préciput est stipulé au profit de la femme « même en renonçant », il n'y a pas de difficultés. Si la femme accepte la communauté, elle prend le préciput et les biens communs restant sont partagés par moitié : si elle renonce, elle ne prend que le préciput. — Cependant, les époux qui veulent subordonner la délivrance du préciput à la renonciation de la femme, doivent le dire clairement. Si cette réserve n'est pas

expresse, la femme peut accepter la communauté ou
y renoncer, et toucher, dans les deux cas, son préciput. — Au cours de notre deuxième partie, nous supposons toujours qu'elle renonce à la communauté.

La situation peut être plus embarrassante, lorsque,
durant le mariage, la communauté s'est dissoute par
le divorce ou la séparation de corps et de biens.

Il faut distinguer selon que le divorce ou la séparation de corps ont été prononcés au profit de la
femme ou contre elle.

I

Si la femme a obtenu le divorce ou la séparation
de corps, elle ne garde son droit au préciput que si
elle survit à son mari. Jusqu'à ce moment, le préciput
reste entre les mains de ce dernier. Mais la loi, en
prévision de la mauvaise administration et de l'incon-
duite du mari, accorde à la femme des garanties de
restitution du préciput, qui est resté tout entier entre
les mains de son époux. Elle lui donne le droit d'exiger de lui une caution jusqu'à la délivrance.

L'article 1518 nous dit en effet : « Si c'est la femme qui
obtient le divorce ou la séparation de corps, la somme
ou la chose qui constitue le préciput, reste toujours
provisoirement au mari, à la charge de donner caution. »

En étudiant cet article, nous avons vu les deux situati ns différentes qu'il prévoit : l'acceptation de la femme d'un côté, la renonciation de la femme d'autre part. — Quand la femme renonce à la communauté, sa renonciation révèle une situation au moins embarrassée des affaires du mari. Si on ajoute que tout le préciput va rester entre les mains de ce dernier par l'effet de la renonciation, on conçoit que la loi ait pris des précautions en faveur de la femme. Ceci, du reste, est conforme à la tradition, car voici l'appréciation de Pothier au sujet de la convention qui autorise la future à se réserver un préciput au cas de renonciation. « L'esprit de cette convention est de rendre le mari et sa succession garants du préciput de la femme » : Le Code civil ne fait que proclamer de plus fort cette garantie et en assurer l'efficacité, en accordant au créancier le droit d'exiger une caution de son débiteur.

Le mari qui doit caution dans le cas de divorce ou de séparation de corps (art. 1518, *in fine*), en doit-il pour le cas de séparation de biens ? La plupart des auteurs s'appuyant sur le principe juridique par lequel un débiteur ne peut pas être tenu de fournir caution, en l'absence d'une convention, d'une loi ou d'un jugement, décident qu'un mari ne peut être obligé de donner cette garantie. La loi, disent-ils, ne l'exige que dans le cas de divorce ou de séparation de corps. — S'il en est ainsi, il faut dire que le législateur a été bien imprévoyant, en refusant à la femme une garantie dont elle aurait le plus de besoin. La séparation de biens laissant supposer le mauvais état des affaires du mari, à la différence du divorce et de la séparation de corps, il y avait, pour accorder la caution dans cette circonstance, une vraie raison *a fortiori*.

Ce reproche que nous adressons au législateur est-il mérité ? La loi ne prévoit-elle pas implicitement dans l'article 1518 le cas de séparation de biens, puisque la séparation de corps entraîne la séparation de biens. En parlant de l'une, ne parle-t-elle pas aussi de l'autre ? Seule cette explication hypothétique peut excuser le législateur de son oubli ou de son imprévoyance (1).

II

Si le divorce ou la séparation de corps sont prononcés contre la femme, celle-ci perd le préciput ; c'est une déchéance que la loi prononce contre l'époux qui succombe dans une instance en divorce ou en séparation de corps (1518, *in medio*).

Sur le point de savoir si ce préciput disparu pour la femme peut revivre par un second mariage (205) ou une réconciliation, nous dirons qu'un second ma-

(1) Baudry-Lacantinerie, III. n° 310.

riage au cas de divorce fait reparaître le préciput,
mais qu'une réconciliation ne suffit pas au cas de séparation de corps. Dans notre cas, en effet, il y a, en
outre de la séparation de corps, la renonciation de
la femme à la communauté. Par conséquent, pour
que le préciput renaisse, il faut, avec la réconciliation des époux, le rétablissement de la communauté (1451).

SECTION II

**Préciput de la femme même renonçante dans tous
les cas de dissolution de la communauté.**

Quand la femme s'est réservé un préciput, même
au cas de renonciation à la communauté, si elle l'a
stipulé pour tous les cas de dissolution de la communauté, le préciput lui est attribué à la dissolution de
cette communauté survenue pour une cause quel-
conque.

Quand le préciput est stipulé pour un cas spécial
de dissolution de communauté, divorce ou séparation de corps, c'est après cet événement que le préciput est ouvert.

Dans les deux situations précédentes, ou bien là

femme a conservé son droit (1518) et la délivrance
du préciput lui est faite immédiatement, ou bien elle
l'a perdu, et le préciput reste confondu avec les biens
communs.

Dans le premier cas, lorsque le préciput a été délivré, que se passe-t-il si un second mariage ou une
réconciliation se produit ? Dans le deuxième cas,
lorsque le préciput est perdu pour la femme, qu'arrive-t-il à la suite de ces mêmes événements ?

Il faut ici prévoir des hypothèses communes aux
deux cas qui nous occupent, et où nous puissions
découvrir le sort du préciput perdu ou délivré :

1° Supposons un préciput stipulé en faveur de la
femme au cas de divorce, même en renonçant. Le
jugement de divorce est rendu : la communauté est
liquidée, et la femme qui a conservé son droit au
préciput, l'exerce : si elle l'a perdu, elle n'a rien à
voir dans la communauté après sa renonciation.

Si elle se remarie avec son époux, doit-elle rendre
à la communauté le préciput qu'elle a touché ? le
préciput lorsqu'elle l'a perdu, renait-il à son profit,
au cas de second mariage ? Oui, en fait, car il est
rétabli en vue d'un nouveau divorce.

L'art. 295, dit, il est vrai, qu'aucune nouvelle demande en divorce ne peut aboutir (295, 3°), mais par
exception, une demande en divorce doit être admise
lorsque, après la réunion des époux, l'un d'eux a été
condamné à une peine afflictive et infamante.

C'est pour ce cas qui sera bien rare que le préciput
doit reparaitre.

Si le préciput est convenu pour tous les cas de dis-

8

solution de la communauté, et si le divorce est prononcé, un second mariage fait revivre le préciput qui
peut s'ouvrir dans la suite, grâce à une séparation de
corps ou de biens.

2° Supposons maintenant un préciput stipulé au
cas de séparation de corps ou de biens même en
renonçant. La séparation de corps ou de biens prononcée, la renonciation a lieu et le préciput est délivré. Une réconciliation, résultant de la cohabitation,
suffit-elle pour faire revivre le préciput ouvert grâce
à la séparation de corps? Peut-on user, dans cette
circonstance, de la preuve testimoniale pour prouver que le préciput a reparu? Nous ne le croyons
pas. Dans le préciput sur biens communs, nous sup-
posions que la communauté avait été acceptée. Dans
notre hypothèse, nous supposons que la femme y a
renoncé. Aussi le préciput de la femme même renonçante, ne peut-il, d'après nous, reparaître que par
une réconciliation suivie du rétablissement de la
communauté. Ce n'est plus ici la seule séparation de
corps ou la séparation de biens qui donne ouverture au préciput : il y a de plus la renonciation à la
communauté. C'est pour ce motif que la communauté
doit être rétablie conformément aux articles 1451,
1445 du Code civil et art. 3 de la loi du 6 février 1893.

CHAPITRE III

Le préciput de la femme se transforme, par la stipulation qu'elle y aura droit même au cas de renonciation, en un droit de créance contre la communauté. Dans ce cas, la femme doit donc être traitée comme créancière de la communauté, par suite du mari. — Il résulte de là, que le mari devient responsable sur ses biens personnels du payement du préciput. Cette proposition ressort des termes même de l'article 1515 *in fine*. « Hors le cas de cette réserve, nous dit cet article, le préciput ne s'exerce que sur la masse partageable et non sur les biens personnels de l'époux prédécédé. » — Par conséquent, dans le cas de la réserve indiquée, c'est-à-dire dans le cas où le préciput est établi au profit de la femme renonçante, cette dernière l'exerce sur les biens du mari.

Cette solution est du reste confirmée par la tradition et par l'intention présumée des parties.

Pothier nous dit en effet : « Cette convention non
« seulement a l'effet de rendre la femme, en cas
« de renonciation à la communauté créancière du
« montant de son préciput contre la succession de
« son mari : elle a aussi l'effet, en cas d'acceptation
« de la communauté, de rendre la femme créancière
« de la succession de son mari, de ce qui s'est trouvé
« de manque dans les biens de la communauté pour
« la remplir en entier de son préciput (1) ».

Voici enfin quelle est l'intention probable des époux :
quand la femme a stipulé un préciput, même en renonçant, elle a manifesté sa volonté de l'exercer dans
tous les cas et de ne pas le subordonner à la prospé-
rité de la communauté : elle a entendu avoir pour
débiteur le mari et non la communauté (2).

Mais, dans l'hypothèse qui nous occupe, c'est-à-
dire lorsque le contrat de mariage renferme une
clause de préciput, même au cas de renonciation, il
peut se faire que la femme accepte la communauté.
Que se passe-t-il dans cette circonstance ? La femme
est-elle créancière de son mari personnellement,
comme dans le cas de renonciation ? Peut-elle réclamer à sa succession le préciput ou la part de préciput qu'elle n'a pas recueillie dans la communauté ?

Certains auteurs soutiennent l'affirmative par ce
motif que l'esprit de la convention est de rendre le
mari et sa succession garants du préciput. La tradi-

(1) Pothier, n° 448, *Traité de la Communauté.*
(2) Cassation, 12 juin 1872 (Sirey, 72, 1, 308. Dalloz, 72, 1, 327).

tion, disent-ils, est dans ce sens (1) et la disposition
de l'article 1515, 2°, n'y fait pas obstacle : car cet
article, en consacrant virtuellement en faveur de la
femme le droit de poursuivre son paiement sur les
biens personnels du mari, ne fait nullement de la
renonciation à la communauté par la femme une condition de l'exercice de ce droit (2).

Cette opinion, qui paraît conforme à la tradition et
à la loi, n'est pas universellement adoptée. D'anciens
commentateurs soutiennent que, lorsque la femme
accepte, le cas prévu par le contrat n'étant pas réa-
lisé, elle doit courir les chances de son acceptation
et prendre le préciput sur les biens communs. Ainsi,
la renonciation est la condition de l'exercice du préciput sur les biens personnels du mari (3). Cette
deuxième opinion n'a pas de fondement sérieux;
aussi nous rangeons-nous du côté de ceux qui per-
mettent de poursuivre les biens personnels du mari,
même au cas d'acceptation par la femme : par conséquent, ce n'est qu'à défaut de biens communs et de
biens du mari que le préciput devient caduc.

Nous avons vu les effets du préciput de la femme

(1) Pothier, Communauté, 448.

(2) Zachariæ, IV, § 662, texte et note 12; Rodière et Pont, III,
1568 ; Aubry et Rau, § 529, texte et note 19; Colmet de Santerre,
VI, 182 *bis*, IV et V ; Arntz, III, n° 852 ; Baudry-Lacantinerie, III,
p. 263 ; MM. Mérighnac, II, 3123.

(3) Merlin, v° *Préciput*, § 3, n° 1 ; Bellot des Minières. III, 262.

renonçante au point de vue de son exercice ; il nous
reste à voir son influence sur les droits des créan -
ciers et le règlement du passif entre les époux.

Nous pensons que les créanciers peuvent saisir les
biens sur lesquels porte le préciput, sans être primés
par la femme, et même sans subir son concours. Nous
assimilons ainsi, à ce point de vue, le préciput de la
femme acceptante et le préciput de la femme renonçante. La plupart des interprètes distinguent pourtant, entre les deux préciputs, et adoptent pour chacun
d'eux une solution différente. Nous examinerons les
motifs de leur distinction et nous donnerons en même
temps les raisons de notre assimilation.

Le préciput, dit-on, change de nature quand il a été
stipulé au profit de la femme renonçante. Cette dernière ne peut plus exercer un droit de prélèvement
puisqu'il n'y a plus de masse à partager. La loi prend
en considération ce que les parties ont voulu, *quod
actum est, non quod dictum est.* — Pour donner une
efficacité à cette convention, elle en fait naitre pour
la femme le seul droit qui puisse lui appartenir, un
droit de créance sur la communauté et sur les biens
du mari, puisque par l'effet de la renonciation, celui-ci
est tenu seul de toutes les obligations de la communauté. Dans ce cas, si, comme nous le voyons, il n'y
a plus moyen de parler de prélèvement, mais de
créance, il n'y a plus de raison de dire que la femme
n'exerce son droit que sur l'actif net, ni qu'elle est
primée par les créanciers. Pourquoi établir entre les
créanciers des privilèges dont la loi ne parle pas ?
La femme a une créance, elle vient au marc le franc

comme les autres, ou plutôt grâce à l'hypothèque légale qui garantit ses conventions matrimoniales, souvent elle prime les autres (1).

Nous ne saurions partager cette manière de voir. D'après nous, la femme passe toujours après les autres créanciers. Il est un cas où la loi elle-même indique que son droit ne leur est pas opposable. C'est celui où tout en renonçant, elle doit reprendre un corps certain, tel qu'un immeuble, un bijou de famille, un portrait. Alors l'article 1519 montre que sa créance est soumise à la condition que les créanciers n'exerceront pas leur droit sur cet objet. Son droit de créance et de propriété n'existe que sous cette condition résolutoire. Pourquoi la loi en aurait-elle décidé autrement, quand son droit porte sur une quantité? Pourquoi la loi aurait-elle alors modifié son système? Est-ce qu'il n'est pas permis d'attribuer à autrui un droit de préférence sur son propre droit? Est-ce qu'on annulerait la clause expresse que la femme entend n'être nantie de son préciput qu'après le désintéressement des créanciers? M. Colmet de Santerre, partisan de l'opinion opposée, reconnait lui-même que rien n'empêcherait une telle stipulation (2). Cette intention résulte justement du mot préciput par lequel les parties ont désigné leur convention. Elles pouvaient stipuler une reprise d'apport ou un partage inégal de communauté, elles ont

(1) Colmet de Santerre; Rodière et Pont, nº 1570
(2) Colmet de Santerre, VI, nº 185 *bis*, I.

choisi la clause de préciput, les créanciers en profiteront. Est-il du reste si étrange qu'une femme ne veuille pas réaliser un bénéfice au préjudice de ceux qui ont eu confiance dans l'administrateur à qui elle a confié ses intérêts?

APPENDICE

DU PRÉCIPUT AU POINT DE VUE FISCAL

Nous supposons d'abord le préciput stipulé au profit d'un époux au cas d'acceptation.

Au moment du contrat de mariage, la clause préciputaire étant une convention de mariage, ne donne pas lieu à la perception d'un droit particulier sur le contrat de mariage. En effet, le droit fiscal n'atteint que les biens dont le régime est modifié; alors, il les frappe d'un droit proportionnel de mutation. Mais, ici, aucune modification n'atteint les biens, objet du préciput, puisqu'aucune transmission ne s'opère.

La loi fiscale est donc d'accord avec la loi civile en ne frappant pas de droit de mutation les objets soumis au préciput au moment où se fait cette convention.

À la dissolution du mariage, si la femme accepte la communauté et prélève le préciput, la loi fiscale atteint-elle les biens préciputaires d'un droit proportionnel de mutation? Non, encore. Et voici pourquoi:

la femme, en exerçant son préciput, fait un acte dont le but est de faire cesser l'indivision qui existait entre elle et son mari sur les biens communs. Or, nous savons que le partage, qui est un acte par lequel on attribue à un copropriétaire un droit exclusif sur certains biens en échange du droit indivis qu'il avait sur tous les biens à partager, ne produit pas un effet translatif, mais seulement déclaratif de propriété (art. 883).

C'est donc en vertu d'un principe de droit civil que la loi fiscale n'atteint pas la transmission de propriété du préciput de la femme ; celle-ci va être considérée, après partage, comme ayant toujours été seule et unique propriétaire des biens préciputaires.

L'administration de l'enregistrement n'a pas toujours admis ces conséquences, et pendant quelque temps, se fondant sur l'autorité d'une décision émanée du ministre des finances le 22 août 1809, elle exigeait, lorsqu'elle rencontrait des clauses préciputaires dans les contrats de mariage, la perception d'un droit fixe de 5 francs, droit qui atteignait les donations éventuelles ; en outre, l'administration percevait le droit de mutation par décès à l'ouverture du droit par la mort d'un des époux.

Mais la Cour de cassation consultée, à ce sujet, a formellement décidé dans un arrêt de rejet du 30 juillet 1823, qu'il ne s'opère pas de mutation passible du droit proportionnel, à l'égard de l'époux préciputaire, lorsque les conjoints ont adopté le régime de la communauté (1).

(1) Dalloz, 23, 1, 391.

A la suite de l'arrêt de la Cour de cassation, condamnant l'application extensive de la loi fiscale, l'administration de l'enregistrement revenant aux vrais principes, a déclaré, avec le tribunal de Laon (1) que la convention préciputaire n'était qu'une conséquence des conventions matrimoniales, par suite de laquelle l'époux survivant est censé avoir toujours été propriétaire des objets compris dans son préciput : elle a donc décidé, dans une instruction, que les préciputs stipulés par les futurs époux, conformément à l'article 1515 du Code civil, ne donneraient lieu ni à la perception du droit fixe sur le contrat de mariage, ni à la perception du droit de mutation par décès, lorsque les objets composant le préciput sont à prélever sur les biens communs (2).

Il en est autrement, lorsqu'il s'agit de la convention exceptionnelle qui permet à la femme de se réserver le préciput, même en renonçant. On s'est longtemps demandé si le droit fixe de donation éventuelle doit être perçu sur le contrat de mariage, et en cas de prédécès du mari et de renonciation de la veuve à la communauté, si le droit de mutation par décès entre époux est exigible sur le montant du préciput.

(1) Laon, 3 décembre 1826. Art. 6194, *Journal des Notaires*.

(2) *Instruction de la Régie*, 26 sept. 1828, n° 1256 ; *Délibération de la Régie* du 11 sept. 1829. (Art. 4503, 6663, 7010, *Journal des Notaires.*).

Ces questions ont été résolues affirmativement par une délibération de la Régie du 26 juin 1827 (1) et par une décision du 6 mai 1828 (2).

La Régie, en effet, voit une donation dans la convention préciputaire au profit d'une femme renonçante, par suite, elle perçoit un droit de donation éventuelle au jour du contrat de mariage, et, au jour du décès le droit proportionnel de mutation par décès entre époux, si la femme renonce à la communauté.

Cette décision est admise par la régie et par certains auteurs, parce que le préciput de la femme renonçante, à la différence du préciput sur biens communs, s'élargit et s'étend sur des biens qui sont totalement étrangers à la femme. En effet, la loi considère la femme renonçante comme n'ayant jamais eu aucun droit sur les biens de la communauté et lui permet de prendre son préciput sur tous les biens du mari, sans distinction entre les propres et les biens communs dont la propriété est confondue sur la tête de celui-ci.

Il s'opère donc une vraie transmission de propriété et il est juste, semble-t-il, que la loi fiscale l'atteigne.

Cependant cette solution n'est pas admise par tous les auteurs. La jurisprudence elle-même est contraire (3).

---

(1) Art. 6301, *J. N.*

(2) *Instruction*, 26 sept. 1828, n° 1256, § 4.

(3) Champonnière et Rigaud, n° 2007. Rennes, 24 déc. 1844 et 11 juin 1845.

La clause dont il s'agit, dit-on, est de la même nature que celle qui autorise la femme, en cas de renonciation à communauté, à reprendre son apport franc et quitte : de même nature encore que la stipulation au profit de l'un des époux d'un forfait de communauté qui oblige l'autre époux à payer une somme convenue que la communauté soit suffisante ou non pour acquiter cette somme. — Elle ne diffère pas davantage d'une clause d'un contrat de mariage qui assigne au survivant des époux la totalité des biens de la communauté (1).

Or, aux termes de la décision précitée du ministère des finances (2), ces dernières clauses n'ont pas le caractère de libéralités et ne donnent ouverture à aucun droit particulier d'enregistrement sur le contrat de mariage, ni au droit de mutation lors du décès. — Pourquoi donc percevoir un droit sur le préciput de la femme renonçante ?

Quoiqu'il en soit, nous avons vu ce que décide la régie. Une fois de plus, le droit civil et la loi fiscale sont en désaccord. — C'est là une des nombreuses

(1) Art. 5015, C063, J. N.
(2) *Inst. minist.*, 6 mai 1828, nᵒˢ 377, 370.

antinomies qui existent entre nos lois civiles et les principes fiscaux, antinomie qu'il ne nous appartient pas de résoudre dans le cadre restreint de notre sujet.

Vu par le Président de la thèse,
L. CAMPISTRON

Vu par le Doyen de la Faculté de Droit,
J. PAGET

Vu et permis d'imprimer :
Toulouse, le 28 avril 1896.
Pour le Recteur de l'Académie,
Le Doyen délégué,
J. PAGET

TABLE DES MATIÈRES

DEUXIÈME PARTIE

Toulouse. — Imp. Saint-Cyprien, allées de Garonne, 27.

www.ingramcontent.com/pod-product-compliance
Lightning Source LLC
Chambersburg PA
CBHW062005200326
41519CB00017B/4674